Herstellung und Verlag
BoD - Books on Demand, Norderstedt
ISBN 978-3-750-40319-2

Bibliografische Information der Deutschen Nationalbibliothek:
Die Deutsche Nationalbibliothek verzeichnet diese Publikation in der Deutschen Nationalbibliografie; detaillierte bibliografische Daten sind im Internet über dnb.dnb.de abrufbar.

© 2019 by Ferenc von Kacsóh
alle Rechte vorbehalten
Nachdruck, auch auszugsweise, nur mit Genehmigung des Autors

Bildquellennachweis:

    Graphische Gestaltung der Umschlagseiten durch die Graphik-Werkstatt Carsten Schmitz, Gräfelfing bei München

    Logo Qi-Raum: ® by Ferenc von Kacsóh, © by Carsten Schmitz

    © Abb. 1+2: Verlaufsmodelle nach Straesser, mit freundlicher Genehmigung durch Olaf und Katharina Straesser, BurnOut-Akademie Strasser, Kelkheim, www.burnoutmanager.de

    Bild des Autors: © 2018 by Lisa Miletic Photography

Ferenc von Kacsóh

Selbst.Wert.Schätzung.

Leben findet im Definitiv statt!

Inhalt Seite

Vorwort 7

Kapitel 1

    Begriffsdefinition: Was ist ein BurnOut 9

    Symptome und Verlauf 14

    Ursachen und Auslöser 19

    mögliche Faktoren zusätzlicher Belastungen 21

    die Vier Eckpfeiler der Salutogenese 22

Kapitel 2

    Diagnose und Differenzialdiagnosen 33
        Beobachten und die richtigen Fragen stellen

    Semantik als Ausdruck innerer Werte 37

    Distanzen und Framing 44

Kapitel 3

    Grenzen des Coachings 49
        grundsätzlich und juristisch

Kapitel 4

    positive Faktoren gesunder Lebensführung 55

    gesunde Steuerung des Wechsels zwischen 58
        AN- und ENTspannung / Social Jetlag

    Auswirkungen des Resonanzprinzips 61

Kapitel 5

Spannungsmanagement:	65
Atemtechniken	66
Klangschale und PowerNapping	67
Hypnose und Selbsthypnose	69

Kapitel 6

Ernährung:	
Achtsamkeit - Du bist was Du isst	71
echte, eingebildete und modische Unverträglichkeiten	82

Kapitel 7

Drogen und BurnOut: Genuss- und/oder Suchtmittel?	91

Kapitel 8

Selbst.Wert.Schätzung. als innere Haltung Zeitmanagement, Gelassenheit und Bei-Sich-Sein	99

Kapitel 9

Dokumentation	111
Zusammenfassung	113

Danksagung	115

Vorwort

Als Unternehmerberater habe ich Unternehmerfamilien und angestellte Geschäftsführer in herausfordernden Phasen begleitet: Generationswechsel, Insolvenzabwehr und Repositionierung am Markt, aber auch die Neuordnung des Einkaufs, des Vertriebs, des operativen Tagesgeschäfts und des Qualitäts-Managements waren meine täglichen Aufgaben.

"BurnOut" war insofern ein Thema, dass ich es immer mit Menschen zu tun hatte, die sich mehr oder weniger unvermittelt in einer Extremsituation wiederfanden, denn: das bevorstehende Scheitern rüttelt an den Grundfesten menschlichen Seins. Das ist für jeden Berater eine Herausforderung, und schnell fand ich mich in der Position des Coaches und Sparringspartners wieder.

Um mit dieser Situation angemessen umgehen zu können, habe ich erfolgreich verschiedene psychologische Zusatzausbildungen absolviert: zur Ausbildung zum Heilpraktiker (beschränkt auf das Gebiet der Psychotherapie), lösungsorientiertes Kurzzeit-Coaching, Hypnotherapie, NLP u.v.m. kamen auch Ausbildungen zu verschiedenen Themen um BurnOut und dessen Prävention.

Nur: was ist da "angemessen"? Das in einem Satz zu beantworten ist schier unmöglich, meinen Lösungsansatz habe ich in diesem Buch formuliert.

In der Vorbereitung habe ich oft - begleitet von einem gequälten Lächeln - den Satz "Ja, wenn es denn so einfach wäre!" gehört. Meine Antwort darauf ist der Untertitel des Buches: "Leben findet im Definitiv statt!" Viele ergehen sich in Konjunktiven, bleiben im Ungefähren - satt sich eine innere Haltung zu definieren und sich dazu zu bekennen. Wer Klartext erwartet, ist hier richtig.

Was also ist es, das uns so sehr in den Grundfesten unseres Seins erschüttert, uns lähmt und uns Atem und Stimme raubt? Das uns Panikattacken beschert, nicht in den Schlaf kommen läßt und uns Anlass gibt Beziehungen und Bindungen in Frage zu stellen?

Sind es wir selbst, oder unsere unbewältigten Konflikte zwischen Selbst-, Fremdanspruch und Wirklichkeit, zwischen Selbstbild und Fremdbild, und wo stehen wir wirklich zwischen Genie und Wahnsinn? Haben wir uns jemals die Zeit genommen, über uns selbst zu reflektieren, und wenn ja: wann zuletzt? Erkennen wir an, dass es zuallererst für uns selbst förderlich ist, uns gelegentlich selbst, und die Motive unserer Handlungen in Frage stellen? Das bringt uns voran, aber in welche Richtung?

Mit diesem Buch möchte ich Sie dazu anregen, ausgetretene Pfade zu verlassen, und einen Schritt zurück zu treten, um sich das gesamte Szenario, in dem wir uns bewegen, zu betrachten. Abstand schafft Überblick, Überblick läßt Strukturen erkennen, und das eröffnet Handlungsspielräume.

In diesem Sinne wünsche ich Ihnen eine spannende Lektüre!

———

Noch ein Wort zur Gender-Thematik: egal welche Form in Text erscheint, es sind immer alle (m/w/d) gemeint, es sei denn, es geht um ein spezifisches Phänomen eines bestimmten Geschlechts, oder es wird in einem solchen Kontext verwendet. Das generische Maskulin ist keinesfalls diskriminierend.

Viel Freude beim Lesen,

Ihr

Ferenc von Kacsóh

1 Begriffsdefinition

Zuallererst stellen wir uns die Kernfrage: **Was ist ein "BurnOut"?**

Was oberflächlich wie eine einfache Frage tönt, ist tatsächlich unmöglich in einem kurzen Absatz, oder gar in einem einzigen Satz zu beantworten. Das hat insbesondere etwas mit dem Wesen des "BurnOut" zu tun... und den mannigfaltigen und teilweise höchst gravierenden Folgen, die sich daraus ableiten.

Also werfen wir einmal einen Blick auf das Wesen dieses Phänomens: zuallererst ist "BurnOut" gerade *keine* Erkrankung im herkömmlichen Sinne, sondern ein sog. "multidimensionales *Geschehen*". Was ist damit gemeint? - Nun, ein Geschehen tritt schleichend ohne sofort erkennbare Ursachen auf, und spielt sich immer und zeitgleich auf der körperlichen, seelisch-emotionalen und der psychischen Ebene ab. Hinzu kommt die Emergenz der unterschiedlichen Dimensionen - also deren Verschränkung und gegenseitigen Wechselwirkungen. Es kann also sein, dass auf der einen Ebene (psychisch) etwas passiert, was auf einer anderen Ebene (somatisch) ein Symptom auslöst.

Schon hier treffen Schulmediziner auf die erste Hürde. Warum? - Weil sie dafür nicht oder nur unzureichend ausgebildet werden. Die holistische Diagnostik ist keine nur exakte Wissenschaft, sondern darüber hinaus auch eine *Haltung*. Ärzten wird beigebracht, wie sie, ähnlich einer Reparaturwerkstatt, Symptome bestimmten Krankheiten zuordnen, um diese Körperteile dann wieder ihrer ursprünglichen Funktion zuzuführen - und dabei aus dem System möglichst hohen wirtschaftlichen Nutzen zu ziehen. Therapeuten und Coaches sind aber vor allem an der Genesung bzw. Gesund*erhaltung* der Menschen interessiert, die sich an sie wenden - und zwar an Leib *und* Seele. Ärzte,

Therapeuten und Coaches haben also schlicht einen anderen Handlungsansatz. Nicht mehr, aber eben auch nicht weniger.

Um es klar zu sagen: ein Ärzte-Bashing liegt mir so fern wie es nur sein kann: gerade seriöse Coaches kenne ihre Grenzen und haben ein Netzwerk aus approbierten Spezialisten, mit denen sie kooperieren. Es muss uns aber schon klar sein, dass in der Bundesrepublik Deutschland Ärzte eben *auch* mittelständische "Unternehmer im Gesundheitswesen" sind - und als solche auch nur Opfer eines Systems, das zwar "*GESUND*heits"-System heißt, wirtschaftlich aber nur funktioniert, wenn möglichst viele Menschen möglichst lange und schwer *KRANK* sind. (Wer den Fehler findet, darf ihn behalten.)

Als sei das alles so nicht schon herausfordernd genug, ist BurnOut auch noch ein phasisches Geschehen - es wechseln sich Phasen unterschiedlich schwerer Symptomatik mit Phasen der vollständigen Symptomlosigkeit ab. Der Wechsel zwischen Anspannung und Entspannung prägt unseren Lebenszyklus - ob das sich in einem für den Menschen noch gesundem Umfang abspielt, hängt u.a. davon ab, auf welchem Level wir uns gerade bewegen, welche Spitzen wir dabei erreichen und deren Duration, und ob bzw. wie der Wechsel (noch) funktioniert. Dazu kommt, dass wir durch unser Verhalten, bzw. dessen Veränderung, diesen phasischen Verlauf beeinflussen können, und, wenn wir um diese Wechselwirkungen wissen, sie auch für die Salutogenese[1] bewusst nutzen können.

Last but not least: derzeit werden dem Geschehen "BurnOut" über 300 verschiedene Symptome zugeordnet, die - jedes für sich alleine, oder in anderem Kontext - auch für ganz andere Erkrankungen stehen können. Schulmediziner werden dafür ausgebildet, *körperliche* (somatische) Symptome zu erkennen, zu klassifizieren, und in *eine* Schublade einzusortieren. Das ist dann ihre Diagnose.

---

[1] Salutogenese beschreibt das Konzept, dass die Gesundwerdung genauso ihren Ursprung und ihre Entwicklung hat wie die Krankheit (Pathogenese)

Mit einem "Geschehen", zumal einem multidimensionalen und phasischen, können die wenigsten umgehen.

Erschwerend kommt hinzu, dass die Weltgesundheitsbehörde (WHO) das Geschehen "BurnOut" nicht nur lange negiert hat - tatsächlich hat die WHO es erst mit dem Erscheinen des neuen ICD-11 im April 2019 mit der Ziffer QD85 überhaupt kodifiziert. - Allerdings keineswegs als eigenständige Erkrankung, sondern lediglich als "Phänomen des beruflichen Umfeldes", als "chronic workplace stress that has not been successfully managed"[2]. Frappierend ist die Schlussbemerkung, welche "BurnOut" *ausschließlich* dem Arbeitsumfeld zuweist, und diese Diagnose in anderen Lebensbereichen grundsätzlich untersagt.

Da wundert es also kaum, dass Hausärzte und klinische Psychiater sich in das einzige flüchten, das sie - sofern der Betroffene keine anderen bepreisbaren Begleitsymptome vorzuweisen hat - bei der Krankenkasse abrechnen können: eine "Erschöpfungsdepression". Dass sich bei dieser "Diagnose" auch gleich ein paar Psychopharmaka verschreiben lassen, die die Symptome zwar lindern mögen, aber die Ursachen hübsch unangetastet lassen, erscheint dann "praktisch", nicht wahr? Leider nutzt das den Patienten keineswegs wirklich. Natürlich gehört zur Wahrheit aber auch: sachlich betrachtet, kann die Diagnose "Erschöpfungsdepression" sogar tatsächlich zutreffend sein: allerdings nur als finales Stadium eines "BurnOut". - Bis dahin sind es aber viele Phasen, und jede einzelne bietet die Chance - durch bewusste Entscheidungen und Änderung der persönlichen Lebensweise - den Teufelskreis zu verlassen und die Salutogenese einzuleiten.

Leider müssen wir eine zunehmende Stigmatisierung der durch das Geschehen "BurnOut" Betroffenen feststellen. Das erklärt sich relativ schnell, wenn wir auf unsere heutige Leistungsgesellschaft blicken. Das Wettbewerbsprinzip dürfte uns allen durchaus vertraut sein. Das ist auch

---

[2] Übersetzung: "chronischer Stress des Arbeitsumfelds, der nicht erfolgreich gemanagt wurde"

solange in Ordnung, wie wir uns in einem normalen Rahmen bewegen. Doch wer sich diesem Prinzip verweigert, insbesondere in Vertrieb, in der (Finanz-)Dienstleistung und im Management, wird sehr schnell (weg)gemobbt. Auf Executive-Ebene reicht es auch schon, wenn ein frisch-gebackener Vater Elternzeit beantragt. Andererseits kann die von Effizienz und Wachstum getriebene Wirtschaftswelt sich auch nur begrenzt sozial zeigen und Leistungsschwache bzw. -verweigerer alimentieren... zumal Menschen gerne den Weg des geringsten Widerstandes wählen.

Das Leistungsprinzip macht auch vor dem Privatleben keineswegs halt: was früher der kleine, sprichwörtliche Nachbarschafts-Wettkampf um die Frage "Wer hat das größere Auto?" war, hat sich heute auf viele andere Themenfelder erweitert: "Wer hat den/die attraktivere/n Partner/in, die klügeren Kinder, die bessere Ausbildung, den schöneren oder extravaganteren Urlaub, vollbringt in der Freizeit sportliche Höchstleistungen?" etc. Nüchtern betrachtet, ist und bleibt es aber der tief in der menschlichen Natur verankerte Instinkt, sich mit Artgenossen zu messen. Was einst bei den Neandertalern noch das Recht auf Fortpflanzung begründete, und sich bei Jungs im Sandkastenalter im Vergleich der Länge primärer Geschlechtsorgane äußert, wird unter "Erwachsenen" auf anderen Feldern ausgetragen. Zivilisierte Menschen lernen spätestens in der Pubertät, die Impulse ihrer Instinkte zu kontrollieren - daher sprechen Psychologen auch von Impulskontrolle. Sehr viele Menschen haben das, trotz akademischer Bildung und hohen Intelligenzgrades, nicht erlernt. Wir sollten daher auch trennscharf unterscheiden zwischen Kultiviertheit, Bildung, sowie intellektueller und sozialer Intelligenz.

Bei der intellektuellen Intelligenz werden wir Menschen mit einem hohen Intelligenzquotienten (IQ) begegnen. Dieser führt dazu, dass der Mensch über eine sehr hohe kognitive Leistungskraft für die schnelle Erfassung komplexer Zusammenhänge verfügt, und mit besonderen Techniken wie dem

"Gedächtnispalast"³ sich mehr Fakten in kürzerer Zeit als andere merken kann, um sie später wieder zu memorieren. Dafür ist aber die Sozialkompetenz meist retardiert. Vor allem aber sagt der IQ weder etwas über den tatsächlich erworbenen Stand der Bildung noch über die Kultiviertheit aus. Diese Menschen bevorzugen Effizienz, sind brillante Analytiker, und berechnende Handlungen aus manipulativer Motivation heraus sind ihnen tendenziell eher wesensfremd.

Analog verhält es sich mit der sozialen Intelligenz: in diesem Feld hoch begabte Menschen können schnell andere Menschen für sich einnehmen, und Unbedarfte halten sie für "geborene Netzwerker" - was aber wiederum nichts über Bildung, Kultiviertheit oder intellektuelle Intelligenz aussagt... und schon gar nichts über ihre Motive. Leider gibt es wenig Erhebungen dazu, sodass wir auch keine Statistik befragen können. In meiner subjektiven Wahrnehmung der letzten 35 Jahre erscheint aber die Annahme schlüssig, dass wir bei psychisch gesunden Menschen mit hoher sozialer Intelligenz ein eher durchschnittliches Vermögen in den anderen drei Feldern feststellen können. Man könnte sogar den Eindruck gewinnen, dass sie, wissentlich oder intuitiv, ihre Defizite kompensieren - was den Gesamterfolg dieser Menschen keineswegs einschränkt. Im Gegenteil.

Kultiviertheit umfasst die gesamte Klaviatur des respektvollen und wertschätzenden Umgangs mit sich selbst und den Mitmenschen. Dazu zählt auch die kulturelle Bildung - also gute Umgangsformen und Tischmanieren, angemessene Wortwahl, Wertschätzung für Kunst und Kunstschaffende, Kunstgeschichte und Kulinarik. Auch hier treffen wir auf die Impulskontrolle, in diesem Kontext auch als "Contenance" bezeichnet. Dabei handelt es sich um Wissen und Fähigkeiten, die aber entweder aus eigenem Antrieb erworben, oder vom Elternhaus vermittelt wurden. Kultiviertheit und soziale Intelligenz können

---

³ Als Gedächnispalast wird die Technik bezeichnet, sich für das Merken bestimmter Fakten oder Sachverhalte diese bestimmten Räumen, Farben oder anderen selbstgewählten Parametern zuzuordnen. Beim Memorieren wird die Route im Geiste wieder abgegangen. Will sich also jemand z.B. Eiffelturm, Uffizien, Scala und Sagrada Familia merken, könnte er Paris, Florenz, Mailand und Barcelona als verknüpfte "Räume" im Gedächtnispalast wählen.

sich überschneiden, müssen es aber nicht. Sie muss auch weder mit akademischer Bildung noch mit intellektueller Intelligenz einhergehen, auch wenn z.B. reines Faktenwissen um die Kunstgeschichte häufig als Ausdruck von Kultiviertheit fehlinterpretiert wird.

Bildung wird ebenfalls häufig verwechselt: sowohl mit intellektueller Intelligenz als auch mit Kultiviertheit. Dabei ist "Bildung" zunächst lediglich die Summe des erworbenen Wissens um mehr oder weniger relevante Fakten. Es sagt genauso wenig darüber aus, ob jemand dieses erworbene Wissen auch anwenden kann, wie über dessen soziale Intelligenz, die in diesem Zusammenhang des öfteren auch fälschlich als "Herzensbildung" bezeichnet wird - soziale Intelligenz kann, je nach Milieu, auch einfach nur "Bauernschläue" sein.

Vor dem Hintergrund der unterschiedlichen Wesensarten, und dem Drang nach Wettbewerb, ist die Definitionsbeschränkung der WHO, bezogen auf das Geschehen "BurnOut", durchaus zu hinterfragen.

Symptome und Verlauf

Wie schon gerade ausgeführt, sind dem Geschehen BurnOut über 300 Symptome zugeordnet, die - alle für sich - auch für jeweils eine eigenständige Erkrankung stehen könnten.

Die häufigsten und auffälligsten dieser Symptome sind:

- Schlafstörung
- diffuse Müdigkeit
- geringe Belastbarkeit
- bekommt schlecht Luft
- Herzrasen

- Bluthochdruck
- Gedankenrasen
- Unverträglichkeiten
- Magenschmerzen
- Reizdarm

- Gewichtsschwankungen

- häufige Kopfschmerzen / Migräne

- Schwierigkeiten die Aufmerksamkeit zu fokussieren und zu halten

- Schilddrüsen-Erkrankungen

- Lupus und andere Autoimmun-Erkrankungen

- depressive Verstimmungen, (Erschöpfungs-)Depression

- Versagensängste

- Panik-Attacken

- Folge-Erkrankungen wie Abusus div. Substanzen & Verhaltensänderung

→ ! wichtig: trennscharfe Differenzialdiagnose !

Viele dieser Symptome treten gemeinsam auf, oder ein Symptom ist die Folgeerscheinung eines anderen Symptoms:

- Gedankenrasen - Schlafstörung - diffuse Müdigkeit - geringe Belastbarkeit / Reizbarkeit / Schwierigkeiten die Aufmerksamkeit zu fokussieren und zu halten

- Unverträglichkeiten - Magenschmerzen / Reizdarm - Gewichtsschwankungen

- Alkohol-Abusus - Panik-Attacken / Bluthochdruck - Schwierigkeiten die Aufmerksamkeit zu fokussieren und zu halten - Tabletten-Abusus - usw.

Das sind nur einige wenige der möglichen Wechselwirkungen und Kausalketten, an denen exemplarisch dargestellt werden soll, dass nur die holistische Herangehensweise den Coach in die Lage versetzt, den Faden an einer Stelle aufnehmen zu können, um dann in alle Richtungen sich weiter vorzuarbeiten. - Entscheidend ist aber, dass der Coach erkennt, dass es dieser Faden sein könnte, der das gesamte Gefüge zusammenhält, denn erst dann kann er mit dem Klienten substanziell arbeiten.

Der phasische Verlauf wird am besten im Modell nach Straesser abgebildet. Dieses Modell baut den Verlauf in fünf Phasen auf: die stabile Aktivität, die Herausforderung, die Überforderung und den BurnOut. Auf der anderen Seite des Spektrums der BoreOut[4].

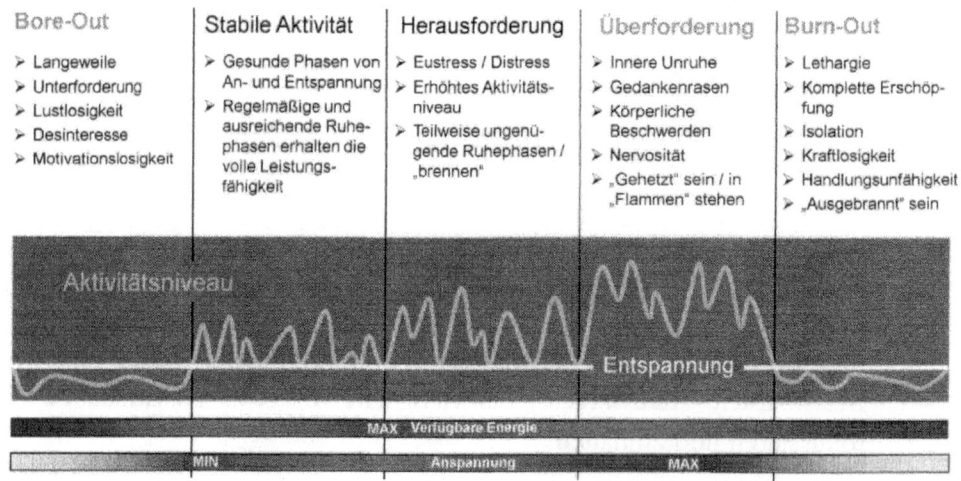

Abb.1:   Verlauf eines BurnOut nach Straesser

Der gesunde Zustand wird abgebildet in der "stabilen Aktivität". hier wechseln sich die Phasen der Anspannung und Entspannung nicht nur ab, sondern es werden ausreichend Erholungsphasen eingelegt, um die volle

---

[4] Der sog. "BoreOut" beschreibt das Phänomen des "sich-zu-Tode-Langweilens". Es hat im finalen Studium die selben Symptome wie der BurnOut, wird aber durch dauerhafte Unterforderung hervorgerufen.

Leistungsfähigkeit zu erhalten. Hinzu kommen ausreichender und guter Schlaf im richtigen Biorhythmus[5], gesunde Ernährung, ausreichend Bewegung und ein bekömmliches soziales Umfeld.

Die Phase der "Herausforderung" kann noch gesund sein, weil das Energielevel der Entspannung noch regelmäßig erreicht wird. Allerdings ist das Aktivitätsniveau deutlich erhöht, die Erholungsphasen sind verkürzt. Üblicherweise treten in dieser Phase Schlafmangel, ungesunde Ernährung, zu wenig Bewegung und ggf. erster (übermäßiger) Konsum psychogener Substanzen - auch gemeinsam - auf.

In der Phase der "Überforderung" wird das Energielevel der Entspannung nicht mehr erreicht, der Mensch steht "unter Dauerstrom" oder "brennt", fühlt sich überfordert. Versagensängste und innere Unruhe plagen ihn, nächtliches Gedankenrasen lässt ihn nicht in den Schlaf kommen. Häufig sehen wir hier einen übermäßigen Tabletten- und/oder Alkoholkonsum, aber auch Kokain- und THC-Abusus. Damit wollen Betroffene den Symptomen entfliehen, um ihren Zustand nicht mehr spüren zu müssen - mehr dazu im Kapitel 6. Auch erste depressive Episoden können aus den Versagensängsten resultieren.

Das Ende der Überforderungsphase sehen wir in der Abb. 2 (nächste Seite): da ist der Betroffene kurz davor, sehr brutal in den "BurnOut" zu "kippen": er "brennt" nicht mehr, sondern ist buchstäblich "ausgebrannt" - liegt auf dem Sofa, zu fertig, um sich erholen zu können, in einer Art prä-depressiver Erstarrung (ähnlich einem Stupor). Dies ist das letzte Alarmsignal vor dem finalen Zusammenbruch. Danach folgt nur noch die monatelange Zwangspause mit Klinikaufenthalt etc.

---

[5] Der Schlaf-Wach-Rhythmus ist abhängig vom individuellen Chronotyp. Dauerhaftes Leben gegen den Chronotyp verursacht nach Studien der LMU München u.a. ein 11% höheres Risiko für coronare Erkrankungen und erhöht das Krebsrisiko signifikant.

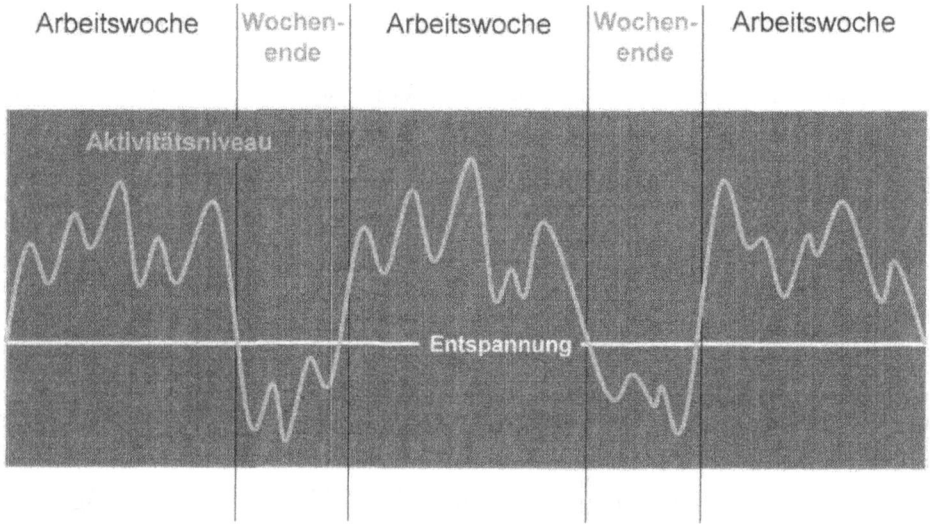

Abb.2: Verlauf des Aktivitätsniveaus im Übergang von der Überforderung in den BurnOut nach Straesser

Gefährlich ist das Wieder-Auftauchen aus diesem Zustand, wie bei jeder Depression: hier ist die Suizidgefahr der Betroffenen am höchsten.

Der Phase des "BurnOut" steht am anderen Ende der Skala der "BoreOut" gegenüber. Dieser ähnelt in der Symptomatik des finalen Stadiums dem BurnOut sehr, allerdings ist die Ursache eine dauerhafte Unterforderung, das in einem Gefühl völlig nutz- und wertlos zu sein. Wir begegnen davon betroffenen Menschen häufig in "unkündbaren" Arbeitsverhältnissen, also in Behörden, in Verwaltungen, also meist im öffentlichen Dienst, aber auch in Konzernstrukturen oder bei großen Mittelständlern, v.a. wenn jemand zu lange im Unternehmen ist, um ihn zu kündigen (Höhe des Abfindungsanspruchs).

Diesen Menschen gibt man zwar noch einen Schreibtisch, aber keine Aufgabe - statt ihnen durch gezielte Weiterbildungen einen Sinn für ihr Dasein zu geben, und dem Unternehmen eine Wertschöpfung für das gezahlte Gehalt zu sichern. Sie langweilen sich buchstäblich zu Tode - daher der Name. Tatsächlich verstoßen Arbeitgeber hier massiv gegen ihre Fürsorgepflichten, und zwar in mehrfacher Hinsicht. Ein BoreOut trat früher aber auch häufig im häuslichen Umfeld auf: die klassische Hausfrau ohne Berufsbildung, wenn die Kinder aus dem Haus sind, und sie versäumt hat, ihrem Leben neuen Sinn zu geben. Heute könnte sie "Influencer" werden... aber damals gab es eben noch kein Internet.

Ursachen und Auslöser

Die schlechte Nachricht vorweg: "*DIE*" eine Ursache für einen BurnOut gibt es nicht. Sehr wohl aber belastende Faktoren, die - in der Summe und in ihren jeweiligen Wechselwirkungen - zu einem BurnOut führen können. Und diese Faktoren sind so individuell wie die betroffenen Menschen.

Die gute Nachricht lautet: in der Prävention, und im Präventions-Coaching im besonderen, geht es darum diese Faktoren frühzeitig zu erkennen und abzustellen. Vor allem aber gilt es, den Klienten dabei zu begleiten, die selbst gewählten und/oder selbst zugelassenen Teufelskreise zu durchbrechen, und damit die Salutogenese einzuleiten.

Es ist auch genau zu unterscheiden zwischen "Ursachen" und "Auslösern". Ursachen sind innere und äußere Faktoren, die den Menschen und seine Verhaltensmuster in der Vergangenheit geprägt haben. Auslöser sind die berühmten Tropfen, die das sprichwörtliche Fass zum Überlaufen bringen - also das noch so geringe Maß an Zusatzbelastung, das uns aus der Überforderung am Ende in den BurnOut kippen lässt.

Das macht die Aufgabe keineswegs leichter: Klienten neigen dazu - wie Süchtige auch - sich das Elend schön zu reden, es zu negieren, es zu ihrer Komfort-Zone zu erklären, oder sich im Selbstmitleid zu suhlen. Und natürlich sind immer die anderen "Schuld" an der eigenen Misere. Als Coach habe ich das oft erlebt, und kann dazu nur sagen: da ist der Leidensdruck einfach noch nicht groß genug, um eine dauerhafte Veränderung einzuleiten.

Hier kommen Coaches - das sei an dieser Stelle vorweg genommen - auch an eine Grenze des Coachings an sich: erst wenn der Leidensdruck so groß ist, dass der Klient aus sich selbst heraus eine Veränderung anstrebt, können wir ihn begleiten. In der Schulmedizin würde man das die "Krankheitseinsicht" nennen - es ist die Voraussetzung dafür, dass der Patient mitarbeitet. Ohne dem wird es auch in der Schulmedizin eher schwierig.

Kehren wir zurück zu den häufigsten Faktoren, hier ein kurzer Auszug:

- dauerhafte Überforderung
- dauerhaft zum Multitasking genötigt
- dauerhaft zu wenige Pausen / kein (richtiger) Urlaub
- dauerhaft privater Ärger (alleinerziehend oder in einer ungesunden Beziehung lebend, Scheidungskrieg, Behörden, Nachbarschaftsstreit, Pubertier)
- dauerhafte Sorgen um Nahestehende
- wirtschaftliche Sorgen, Sorge um den Arbeitsplatz
- Todesfall im sozialen Umfeld, über den Anpassungszeitraum hinaus (Differenzialdiagnose Anpassungsstörung)
- Status als Co-Süchtige
- falsche Prioritäten
- fehlendes Zeitmanagement
- u.v.m.

Diese Aufzählung kann natürlich nur ein kleiner Auszug sein - wiederkehrend ist aber das Wort "dauerhaft". Der Mensch hat eine hohe natürliche Stresstoleranz (Resilienz), die uns - vor allem den modernen, urbanen, europäischen und angelsächsischen Menschen - in den letzten 50 Jahren dauerhaften Wohlstandes - nach und nach abhanden kam.

Ein gerüttelt Maß beigetragen zu dieser Entwicklung haben die sog. "Helikopter-Eltern", bzw. "Rasenmäher-Eltern". Während erstere ihre Kinder dauerhaft wie Helikopter umkreisen und aus jeder Notlage "per Luftrettung" herausholen, "mähen" zweitere alle Schwierigkeiten, die sich ihren Kindern in den Weg stellen könnten, wie ein Rasenmäher nieder. Das Ergebnis ist gleich: die Kinder sind es gewohnt, dass sie widerstandslos ihren Willen durchsetzen können, und lernen es nicht mehr sich durchzusetzen, Widerständen zu trotzen und *selbst* kreative Lösungen für ihre Probleme zu suchen und zu finden.

All diesen Faktoren haben aber noch eines gemeinsam: der Betroffene hat es selbst in der Hand, wie er mit diesen Belastungen umgeht. Dazu kommen wir noch später.

Mögliche, zusätzlich belastende Faktoren

Über diese Faktoren, die wir aus eigener Kraft ändern können, hinaus gibt es eine ganze Reihe weiterer Faktoren, die uns zusätzlich belasten können, und die nicht ganz so offensichtlich unsere Persönlichkeit prägen wie ein als Heranwachsender oder Erwachsener "erlernter" Habitus.

Dabei handelt es sich um Themen, die im Unbewussten[6] zu finden sind, weil die entsprechenden Anker und Trigger gesetzt wurden, bevor der Betroffene sein Bewusstsein voll entwickelt hat.

---

[6] viele sprechen vom "Unterbewusstsein" und meinen "das Unbewusste", nachzulesen bei S. Freud.

Zu diesen zusätzlichen Belastungsfaktoren zählen:

- systemische Vorbelastungen
- innerer Dauerstress z.B. durch mangelhafte Eltern-Kind-Bindung
- angeborene psychische und körperliche Labilität
- nicht verarbeitete Traumata
  (vorgeburtlich oder in der Kindheit)

Um diese zu "bearbeiten" braucht es erfahrene Therapeuten, die mit dem Ausfluss solcher Sitzungen auch umgehen können. So ist es für mich noch immer unbegreiflich, wie - frisch aus der Schule kommende Therapeuten - sich völlig naiv an eines der mächtigsten Instrumente der Psychotherapie wagen: der Familienaufstellung. Und sich dann entweder wundern, dass sie völlig überfordert werden, oder - noch viel schlimmer - sie es gar nicht bemerken, was sie da anrichten, wenn sie z.B. ihre Klienten re-traumatisieren. Das ist schon hart an der Körperverletzung, und am Vorsatz noch dazu!

Die Vier Eckpfeiler der Salutogenese bei BurnOut:

Bevor wir auf Die Vier Eckpfeiler der Salutogenese bei BurnOut kommen, ein kleiner Exkurs: bevor ich diese Buch anfing zu schreiben, hatte ich verschiede Fachartikel und Gastbeiträge publiziert. Im Vorfeld der Veröffentlichung eines Artikels wurde ich immer wieder mit dem einen Satz konfrontiert: "Ja, ... wenn es mal so einfach wäre."

Mal ganz abgesehen davon, dass dieser Satz im "Bullshit-Bingo" ganz weit vorne landet, drückt er zweierlei aus: erstens die Angst vor Veränderung - und das muss ein Coach absolut ernst nehmen: das ist der erste Hebelpunkt, an dem er ansetzen kann. Und zweitens drückt dieser Satz gleichzeitig eine tiefe Sehnsucht nach Veränderung aus - das ist der zweite Hebelpunkt des Coaches.

Meine Antwort darauf ist:

"Leben findet im Definitiv statt!"

Lassen Sie mich das am folgenden Beispiel zur Änderung der Lebensweise verdeutlichen:

Eine US-amerikanische Studie hat Menschen befragt, die nach einem vermeintlichen Lottogewinn ihr Leben völlig auf den Kopf gestellt - d.h. Job gekündigt, vom Partner getrennt, Haus verkauft, umgezogen - also einen völligen Neustart gewagt haben... und bei denen sich dann herausgestellt hat, dass sie doch keinen Lottogewinn erzielt hatten. Diese Menschen wurden gefragt, ob Sie ihr altes Leben zurück haben wollten. Eine überwältigende Mehrheit sagte: "Danke, aber Nein Danke!" - Was beweist: wir brauchen keinen Lottogewinn, um unser Leben zu ändern - wir brauchen dafür nur einen Anstoß, einen Auslöser, um die Veränderung selbst herbeizuführen.

Der erste der Vier Eckpfeiler der Salutogenese bei BurnOut ist das **Selbst.Bewusst.Sein**. Damit ist nicht mehr gemeint als das Sich-seiner-selbst-bewusst-Sein. - Aber eben auch kein Jota weniger. Und das ist schon erheblich mehr als der kurze Satz prima vista vermuten läßt.

Richard David Precht's philosophische Frage "Wer bin ich - und wenn ja, wie viele?" mag ja recht lustig tönen. Tatsächlich ist aber ein hervorragender erster Ansatz - erst uns selbst, und später auch den Klienten an die Fragen der Eigenklärung heran zu führen:

> Was macht mich als Mensch aus?
> Welche Rollen fülle ich im Leben aus?
> Wo ist meine innere Mitte, mein Ruhepol? und
> Für welche Werte stehe ich?

Für die Salutogenese braucht der Betroffene die Identifikation mit sich selbst. Klienten berichteten mir immer wieder, dass sie "sich selbst verloren" hätten - im Trubel des Alltags, in den mannigfachen Herausforderungen - und sie gar nicht mehr wüssten, wer sie selbst eigentlich noch seien. Das Selbst.Bewusst.Sein. findet zudem in mehr als einer Dimension statt, nämlich auf der körperlichen, geistigen und seelischen Ebene. Es beinhaltet v.a. die Faktoren Stabilität und Semantik. Weil letztere so enorm wichtig ist, widme ich ihr einen eigenen Abschnitt (Kapitel 2).

Körperliche Stabilität umfasst u.a. einen gut trainierten Beckenboden und dadurch eine gute Körperhaltung (gerader Rücken, Kopfhaltung, dynamischer Gang). Mentale Stabilität meint das in-sich-Ruhen, und die psychische Stabilität die Achtsamkeit für sich und andere. Um da hin zu kommen, brauchen wir die nächsten beiden Eckpfeiler.

Der zweite der Vier Eckpfeiler der Salutogenese bei BurnOut ist die **Wertschätzung**... und die fängt zuallererst bei uns selbst an. Daher auch der Titel dieses Buches. Das Resonanzprinzip tritt hier deutlich zu Tage, in der ganz einfachen Frage: "Wenn Du Dich schon selbst nicht magst/wertschätzt: wer soll Dich erst da draußen mögen/wertschätzen?". Tatsächlich ist es aber meist sogar noch viel differenzierter: die meisten Betroffenen mögen sich selbst im Prinzip schon... nur die *aktuelle Version* ihrer Selbst nicht. Die Schwierigkeit für den Coach ist es, ihnen genau diesen Unterschied zu verdeutlichen. Diese Technik nenne ich das MiniMax-Prinzip: zeige deinem Klienten, wie minimal der Aufwand für maximalen Erfolg ist. Diese Erfolgserlebnisse heben insbesondere die Motivation für weitere Schritte der Veränderung.

Der dritte der Vier Eckpfeiler der Salutogenese bei BurnOut ist die **Abgrenzung**. Was zunächst negativ erscheinen mag, ist in Wirklichkeit für jeden Menschen überlebensnotwendig: die Schaffung von Freiräumen und Abständen - der Fachbegriff dafür heißt Distanzen - bedarf der Abgrenzung. Jeder kennt das Gefühl des Unwohlseins in öffentlichen Verkehrsmitteln, in Aufzügen und ähnlichen Situationen, wenn andere einem zwangsläufig und buchstäblich "auf die Pelle rücken". Dieses Unwohlsein ist ein uralter, instinktiver Schutzmechanismus: wir empfinden das Eindingen der Anderen in unsere "Intimdistanz" (näher als ca. 25/30 cm) als exsistenzielle Bedrohung. Es sei denn wir haben es vorher bewusst entschieden dies zuzulassen.

Abseits der Distanzen ist Abgrenzung, auch als Grenzziehung bezeichnet, ist ein Akt der *Selbst.Wert.Schätzung.* und eines der Kernelemente des Haushaltens mit den eigenen Kräften. In diesem Kontext ist damit auch das "*NEIN*"-Sagen gemeint: was lassen wir auf uns einwirken, wem widmen wir unsere Lebenszeit, unsere Energie?

Um die Wichtigkeit der Grenzziehung zu verdeutlichen, darf ich Warren Buffet zitieren: "Der Unterschied zwischen erfolgreichen und sehr erfolgreichen Menschen ist die Häufigkeit, mit der sie *NEIN* sagen." Meine Anmerkung dazu: das Aussprechen des Wortes alleine ist es keineswegs. Es bedarf schon auch einer stringenten und konsequenten Umsetzung in die Tat.

Tatsächlich haben sehr erfolgreiche Menschen ein Gespür dafür entwickelt, wann sie "*NEIN*" sagen sollten: nämlich immer dann, wenn Ausnutzung droht, sie mit Nichtigkeiten und Irrelevantem "beschäftigt" werden sollen. Sie haben gelernt, manches direkt abzulehnen, manches zu delegieren, und manches schlichtweg zu ignorieren. Das ist dann auch keineswegs boshaft oder arrogant - das ist schlichtweg Selbstschutz.

Da drängt sich die nächste Frage geradezu auf: warum können das nur so wenige Menschen - Grenzen ziehen und zum richtigen Zeitpunkt auch mal "*NEIN*" sagen? Da ist zum einen die seit Jahrzehnten falsch verstandene

Dienstleistungsauffassung, ein wiederkehrendes Muster: seit Anfang der 2000er-Jahre arbeitet eine der größten Hotelgruppen der Welt mit "Yes, we can", mit dem selben Slogan gewann später Obama die Wahlen. Dieser Slogan suggeriert, dass Ziele und gute Dienstleistung *ausschließlich* mit einem bedingungslosen "Ja" zu erreichen seien. Besonders häufig begegnen wir diesem Phänomen in der Vertriebsstrukturen der Versicherungswirtschaft und der Finanzindustrie, sowie in der Parteienpolitik. Tatsächlich ist aber das Narrativ des Mindsets, nur Ja-Sager kämen zum Erfolg, lediglich das Blendwerk der wirklich Erfolgreichen: wie sonst würden sie ihren Willen bei anderen durchsetzen können?

Schon für die eigene Gesundheit ist es unabdingbar, hin und wieder auch "Nein" zu sagen. Und zwar ohne Rechtfertigung, dafür aber standhaft. Einfach nur: "Nein". Und wenn einer nach dem Grund fragt? "Weil ich das nicht möchte." Punkt. Einfach so? Ja! Weil ich meiner Selbst und meiner Grenzen bewußt bin, daher weiß ich, dass ein falsches "Ja" zu Ergebnissen führen würde, die weder den beteiligten Menschen noch der Sache angemessen wären. "Nein" zu sagen und es konsequent durchzuhalten ist auch eine Frage der Aufrichtigkeit und der Authentizität. Vor sich selbst und anderen gegenüber.

Hinzu kommt: wer allem immer nur zustimmt, unterdrückt seine eigene Meinung - sofern er denn eine hat. Als Kind haben wir gelernt: "Du darfst immer nur die Wahrheit sagen - aber die Wahrheit darfst Du nicht immer sagen." Das ist m.E. ein dezent schwieriger Satz, denn manchmal ist es notwendig, die Unwahrheit zu sagen. Manchmal schon, um unser Gegenüber vor verletzenden Dingen oder um andere vor unangemessener Bloßstellung bzw. Einmischung zu schützen. Kommunikation findet zu 90% auf der Beziehungsebene statt - oft ist es wichtiger, *wer* die Botschaft überbringt, als die Botschaft selbst.

"Nein" zu sagen bedarf eines hohen Maßes an Resilienz[7]. Wer sich dem Mainstream verweigert, wird auf Widerstände stoßen. Auch hier gilt es, sich ein

---

[7] Resilienz = Widerstandskraft

gutes strategisches Gefühl zu entwickeln und zu bewahren. "Wähle Deine Schlachten weise!" ist die Empfehlung von Sun Tsu[8]. Oder, wie es ein Freund ausdrückte: "Wer auf jeden Zug aufspringt, wird immer Passagier bleiben."

Wenn wir das weite Feld des Allgemeinen verlassen und uns die Arbeitswelt näher anschauen, finden wir das Phänomen "New Work". Hinter dieser Fassade wird versucht, die Arbeitswelt mit dem Privaten zu vermischen. Um diese Übergriffigkeit "sozialverträglich" zu framen, wurde der unsägliche Begriff der "Work-Life-Balance" erfunden. Als ob Arbeiten nicht zum Leben gehörte - und umgekehrt. Manche Firmen, bezeichnenderweise auffallend oft im Start-Up-Umfeld und mit digitalen Geschäftsmodellen, deklinieren das bis zum Ende durch und erschaffen ihre eigene, gehirnwaschende Scheinwelt:

- die Mitarbeiter wohnen auf dem "Campus", als sei Arbeit eine lockere Fortsetzung des Studentenlebens.

- alles geschieht gemeinsam: Frühstücken, Arbeiten, Sport in der Mittagspause, wieder Arbeiten, bis hin zum gemeinsamen Sundowner auf der Firmen-Dachterrasse.

- Dazu wird sich ausschließlich geduzt, Incentives und Spiele lockern die Arbeitsatmosphäre, und alle sind "best friends"... also... theoretisch. - In der Praxis: von wegen! Nirgendwo habe ich in meiner Tätigkeit mehr Intrigen, Neid und Gemeinheiten beobachten dürfen als in diesem Umfeld. Nebenbei: die ach-so-unschuldigen "Spiele" nach Feierabend oder in der Mittagspause sind und Wirklichkeit das Talent-Scouting der Führungskräfte auf C- und Vice-Level. Hier werden die Kandidaten für die nächste Beförderungsrunde ausgesucht.

---

[8] Sun Tsu, auch als Sun Tze oder Sunzi bekannt, 534-453 v.Chr., chinesischer Feldherr, schrieb das älteste bekannte Buch über Strategie "Die Kunst des Krieges", das noch heute als Standardwerk für Militär und Geschäftswelt gilt.

Solche übergriffigen Arbeits- und Lebensverhältnisse lassen keine Grenzziehungen zu - mehr noch: sie führen direkt in ein "betreutes Leben in Echokammern". Die Intrigen sind in dieser Scheinwelt der klägliche *Versuch* einer Grenzziehung - eine Art Notwehr, in der der Mensch versucht, seine lebensnotwendigen Distanzen wieder herzustellen.

Der nachfolgende Exkurs ist mir wichtig, um auf eine reale Gefahr hinzuweisen. Die zuletzt geschilderte Firmenblase ist nämlich nur ein Teil einer größeren Gleichung: die User-getriebenen Medien, und die allgegenwärtigen, unsere digitalen Datenspuren auswertende künstliche "Intelligenz" (KI) erzeugt - von Amazon über Facebook, Google, Netflix, PayPal, PayBack und Sky bis Zalando - Prognosen über unser zukünftiges Verhalten. Warum? Weil sie es kann: dafür wurde sie schließlich erschaffen, präziser: programmiert.

Doch was ist die Konsequenz daraus? - Über eher kurz als lang werden diese Prognosen dazu führen, dass uns nur noch gezeigt wird, was die KI als das erkennt, das uns - ihrer Analyse nach - interessieren könnte, sollte oder darf. Wir alle kennen die Einblendung in Online-Shops "Kunden die X gekauft haben, interessierten sich auch für Y oder Z." Das war vor einigen Jahren der Anfang. Im nächsten Schritt hat die KI die Anzeige der Suchergebnisse bei Amazon und Google auf Basis der bisherigen Such-Historie und des Browser-Verlaufs ausgesteuert.

Die Gefahr ist, dass uns die KI in eine Echokammer führt, in der uns nur noch gezeigt wird, was uns - der Analyse nach - zu interessieren *hat*. Und nur das. Dadurch wird aber keineswegs nur unsere Weltsicht erheblich eingeengt. Insbesondere für böswillige Manipulationen der Massen in hoher Ausführungsqualität, für sog. "Deep Fakes", ist damit Tür und Tor geöffnet. Erste Kostproben haben wir schon 2015 auf dem Höhepunkt der Flüchtlingskrise gesehen, und sowohl die Brexit-Kampagne als auch die Trump-Adminsitration haben diese Technologie schon in Wahlkämpfen eingesetzt.

Für uns als selbständig denkende Individuen bleibt als Gegenwehr nur eines: für die KI unberechenbar bleiben - ein weltoffenes Mindset, vielfältige Interessen, von Kultur, Theater, klassische Literatur und klassische Musik bis hin zu Politik und Umwelt - je vielfältiger desto besser. Vor allem aber profitieren wir selbst davon: wer sich so "Gehirn-Nahrung" zuführt (statt sich von Serien und Trash-TV narkotisieren zu lassen) erhält sich selbst einen weiten Horizont. Diesen brauchen wir, um andere Denkweisen zu verstehen - was wiederum die Basis für Toleranz ist - tolerant kann aber nur jemand sein, der sich selbst wertschätzt.

Lesen wir doch einmal wieder etwas, das wir selbst uns nicht zutrauen würden, etwas, das völlig abseits all unserer Gewohnheiten ist: einen politischen Hintergrund-Artikel statt Promi-Klatsch, einen Literatur-Klassiker statt eines Liebesromans etc. - oder umgekehrt. Gleiches gilt für den Musik-Konsum: Klassik statt Jammerpop, Jazz oder Swing statt "Gangsta-Rap" etc. - oder umgekehrt.

Je mehr Ungewohntes wir unserem Hirn zumuten, um so flexibler bleibt es, weil es sich immer neue neuronale Verbindungen aufbauen muss, um das Neue zu verarbeiten. Das "Use it or lose it"[9] gilt also auch für das Gehirn.

Der vierte der Vier Eckpfeiler der Salutogenese bei BurnOut ist **eine souveräne innere Haltung**. Diese resultiert aus den ersten drei, und wächst im selben Maß wie diese. Allerdings ist sie keineswegs auf diese beschränkt, denn sie setzt etwas voraus, das wir alle haben: einen inneren Werte-Kompass. Uns allen wurde - neben einem natürlichen, instinktiven, DNA-codierten Wertemuster (z.B. die natürliche Hemmung, Artgenossen zu töten) - im Rahmen der Erziehung (vulgo: Kinderstube) ein Wertekanon mitgegeben, eine Ethik, die unseren Charakter und unser Weltbild geprägt hat.

---

[9] engl., "Gebrauche es oder Du büßt es ein"

Dazu gibt es ein gemeinsames, gesellschaftliches Werte-Fundament, das Bestandteil eines jeden individuellen Wertekanons ist, oder zumindest sein sollte. Dieses Werte-Fundament ist in den unterschiedlichen Gesellschaftsformen der Menschen als Grundrechte eines jeden Individuums verankert: Recht auf Leben, auf Würde, auf körperliche und seelische Unversehrtheit etc. Hinzu kommen die jeweiligen Regeln für ein friedliches Zusammenleben als Gesellschaft. Das sog. "christliche" Abendland hat es einst aus den 10 Geboten des Alten Testaments, also aus der Thora übernommen. Sie prägen noch heute im Wesentlichen das Grundgesetz und das Bürgerliche Gesetzbuch der Bundesrepublik Deutschland sowie vieler Staaten weltweit.

So haben wir zu bestimmten Dingen eine Haltung entwickelt. Wie diese im Einzelnen ausgeprägt ist, mag variieren und von der gesellschaftlichen Schicht, in die wir geboren und/oder sozialisiert wurden, abhängen. Ob wir persönlich die jeweilige Haltung unseres Gegenübers teilen oder nicht, ist einer der Faktoren, die die Qualität unserer Beziehung zu ihm prägen wird. Geringschätzt jemand unsere Werte offensiv und dauerhaft, wird das bei uns für mehr oder weniger starke, aber dauerhafte ANspannung sorgen. Daher ist es eine Frage unserer inneren Haltung, wie wir mit solchen Personen umgehen, und ob wir diese Person in unserem Umfeld weiterhin dulden oder nicht.

Gleiches gilt für die Frage, ob wir einer Religionsgemeinschaft angehören wollen oder nicht. Viele Kinder werden von ihren Eltern noch heute ungefragt einem Aufnahmeritual unterzogen. Im späteren Leben kann das eine große Belastung für den Betroffenen werden, wenn diese "Gemeinschaft", für die sie einst zwangsrekrutiert wurden, sie z.B. wegen ihrer sexuellen Orientierung (Homosexualität) oder Identität (Transgender), oder wegen ihres Lebenswegs (geschiedene Wiederverheiratete, laisierte Priester etc.) ausschließt.

Letztlich ist es eine Frage der Souveränität, die jeder für sich selbst klären muss: wo hört meine Toleranz auf, und wo fängt meine *Selbst.Wert.Schätzung.* und mein Selbstschutz an? Dabei sollten wir bedenken, dass im Universum nichts ohne Folgen bleibt: unsere Entscheidungen von heute sind die Architekten unserer Wirklichkeit von morgen.

Daher lasse ich meine Klienten im Coaching vor tiefer greifenden Veränderungen etwas machen, das ich "Sozialverträglichkeits-Check" nenne. Es ist der Test, wie das soziale Umfeld auf die angestrebte Reaktion mutmaßlich reagieren wird, und ob der Klient bereit ist, diese Reaktion in Kauf zu nehmen. Coaches sollten sich darauf einstellen, dass das Ergebnis auch richtige Überraschungen bergen kann. Mit einem Klienten bin ich 7 mal zurück auf Anfang, erst die 8. Option hat den Test bestanden.

Im Unternehmer-Coaching lasse ich meine Klienten sich selbst zwei Fragen stellen, wenn Entscheidungen anstehen: 1.) Muss ich diese Entscheidung selbst treffen, oder kann bzw. sollte ich das besser delegieren? Und 2.) muss ich das sofort entscheiden oder brauche ich noch zusätzliche Informationen, um eine der Sache und den beteiligten Personen angemessene Entscheidung treffen zu können? Beide Fragen setzen eine souveräne innere Haltung voraus, um sie angemessen beantworten zu können.

Zusammenfassend lässt sich über die Vier Eckpfeiler der Salutogenese bei BurnOut sagen: je stärker in unserem Inneren die Eckpfeiler Abgrenzung, Selbst.Bewusst.Sein., eine souveräne innere Haltung und *Selbst.Wert.Schätzung.* ausgeprägt sind, desto bewusster können und werden wir unsere innere Haltung auch leben. - Und je konsequenter wir danach handeln, um so mehr wird es von unserer Umwelt auch respektiert, denn: Akzeptanz ist auch immer eine Frage der Glaubwürdigkeit und der Authentizität.

Zur Erinnerung:

"Leben findet im Definitiv statt!"

2 Beobachten, Zuhören und Verstehen

Im nun folgenden ersten Teil dieses Kapitels wird es sich um **Diagnose und Differenzialdiagnosen** drehen.

Der Coach steht zuallererst in der Verantwortung zu erkennen, in welcher körperlichen, seelischen und psychischen Verfassung sein Klient ist - und zwar keineswegs nur im Erstgespräch, sondern auch in allen Coaching-Sitzungen. Warum ist das so wichtig?

Nun, wir haben im letzten Kapitel festgestellt, dass BurnOut ein multidimensionales und phasisches Geschehen ist. Wir wissen um die schiere Unzahl der möglichen Begleitsymptome und Erscheinungsformen, und wir kennen nunmehr auch die wenig hilfreiche Position der WHO. Diese Gemengelage ist es, die den Coach nicht nur vor eine äußerst anspruchsvolle Aufgabe stellt, sondern - im Zusammenhang mit der Diagnose - auch auf ein rechtlich äußerst dünnes Eis führt. Hier gehen wir auf den ersten Aspekt ein, die Grenzen des Coachings vertiefen wir dann im Kapitel 3.

Die Herausforderung einer korrekten Diagnose eines BurnOut liegt konkret in den folgenden Punkten:

Zunächst ist da die **Vielfalt möglicher Symptome**, derzeit über 300, die dem Geschehen BurnOut zugeordnet werden, die aber - alle, jeweils für sich alleine - auch für spezifische Erkrankungen stehen könnten. Daher braucht es eine trennscharfe Abgrenzung zu diesen. Hier mag das Ausschlussverfahren zwar eine Hilfe sein, doch auch dafür muss der Coach sowohl die Zusammenhänge kennen, als auch die Grenzen seiner eigenen Kenntnisse. Vor allem aber muss er das Vertrauen des Klienten für sich gewinnen, damit dieser sich *vollständig* öffnet: nur eine einzige (z.B. aus Scham) zurückgehaltene Information kann das Mosaiksteinchen sein, das das gesamte Bild verändert.

Hinzu kommt die **Emergenz der Dimensionen** des Geschehens BurnOut. Da sich das Geschehen in den Dimensionen Körper, Geist und Seele zeitgleich abspielt, sich diese Dimensionen ineinander verschränken und so gegenseitig beeinflussen, sprechen wir von der Emergenz der Dimensionen. Beispiel: dauerhafter seelischer Stress könnte sich in einer Überfunktion der Schilddrüse ein Ventil verschaffen, was zu plötzlichem Verlust an Körpergewicht und einer Vergrößerung des Organs (Kropf) führt.

Das **Abwechseln unterschiedlicher Phasen** stellt uns als Coaches vor eine weitere Herausforderung: innere und äußere Faktoren können dazu führen, dass unser Klient - für uns nur schwer nachvollziehbar - von der Phase der Überforderung plötzlich in die normale Aktivität oder umgekehrt wechselt. Das ist in der Praxis keine Seltenheit, und bedarf der Klärung. Eines der Signale für den Erfolg des Coachings ist es, wenn der Klient selbst die Gefahren anstehender großer Veränderungen bemerkt und von sich aus mit uns darüber kommuniziert.

Die Diagnose BurnOut kann nur in absoluten Ausnahmefällen eindeutig, und nur noch seltener schnell gestellt werden - Daher gilt: Sorgfalt vor Tempo!!! Zu einer professionellen Arbeitsweise gehört, dass sich Coaches für eine erste *vorsichtige* Einschätzung mindestens eine Sitzung von zwei Stunden einplanen, und sich dafür vorher einen strukturierten Arbeitsprozess entwickeln.

Wie kann dieser Prozess aussehen? Das kann eine interaktive Excel-Datei sein, die viele verschiedene Fragen zu körperlichen Symptomen, zur aktuellen und zurückliegenden Belastungssituationen im Beruf und privat, aber auch zu anstehenden Herausforderungen und Möglichkeiten der Entspannung abfragt, und mit einem Punktesystem erfasst. Zusätzlich sollten systemische Belastungen, unbewusste "Altlasten" oder auch besonders Positives erfasst werden. Das Ergebnis kann dann in einem oder mehreren Diagrammen visualisiert werden.

Wer möchte, kann die Datei ohne besondere Spezialkenntnisse so programmieren, dass das aktuelle Befinden am Anfang jeder Sitzung neu erfasst wird, und im Diagramm als eine neue Farbe erscheint. So sind dann auch Entwicklungen leicht visualisiert und schnell erfassbar. Natürlich kann und wird jeder Coach sein individuelles "Diagnoseprogramm" erstellen, mit dem er sich selbst am meisten wohl fühlt, und mit dem er am sichersten zum Ziel kommt.

Wichtig sind an dieser Stelle zwei Fähigkeiten: genau zu beobachten, und die richtigen Fragen zu stellen - darum geht es nun im zweiten Teil dieses Kapitels. Warum ist das so wichtig? - Weil wir "nicht nicht-kommunizieren können"[10]. Wie das Geschehen BurnOut, geschieht die zwischenmenschliche Kommunikation auch auf unterschiedlichen Ebenen.

Durch die genaue Beobachtung des Klienten nehmen wir seine non-verbale Kommunikation wahr. Steht diese im Gegensatz zum gelieferten Text, haben wir den ersten Ansatzpunkt. Gute Coaches werden beim Stellen ihrer Fragen sogar verschärft beobachten: die erste Reaktion ist die ehrlichste, weil am wenigsten steuerbare - sei es durch sog. "micro-facial expressions", die für einen Bruchteil einer Sekunde die Mimik verändern, sei es durch offensichtlicheres Verhalten wie Sich-Zurück-Lehnen bei gleichzeitigem Arme-Verschränken (Abwehr) bzw. durch sich-nach-vorne-Setzen bei zeitgleich auf den Tisch gestützten Ellenbogen (Angriff).

Selbst in der Absonderung von Unwahrheiten geübte Menschen haben in ihrem Körper einen mächtigen "Gegner", der sie immer wieder enttarnt. Nur Menschen mit einer angeborenen oder durch ein Kindheitstrauma erworbenen affektiven Gleichgültigkeit (z.B. Soziopathen) sind davon weitestgehend

---

[10] "Man kann nicht nicht-kommunizieren" - Erstes Watzlawick'sches Axiom der Kommunikation
Paul Watzlawick (1921-2007), Begründer der modernen Kommunikationswissenschaft, Psychotherapeut, Philosoph

ausgenommen. Deren Körpersprache zu "lesen" ist deswegen so schwer, weil der Körper ja nur Emotionen zeigen kann, die *vorhanden* sind. Wenn sie fehlen, ist nichts da, was sich Ausdruck verschaffen kann. So, wie wir unsere Stimme durch Training willkürlich modulieren können, so können wir auch lernen, die Körpersprache weitestgehend zu kontrollieren, z.B. durch Schauspiel-Unterricht - aber eben niemals zu 100%. Weiter möchte ich das gar nicht vertiefen: über die Sprache des Körpers gibt es eine schon mehr als ausreichende Anzahl an Büchern, daher verweise ich gerne auf die Fachkollegen.

Die richtigen Fragen zu stellen setzt eine gehörige Portion an Empathie des Fragenden voraus. Schon der Ausdruck "die richtigen" Fragen impliziert, dass es auch "die falschen" gibt. An dieser Stelle gehen die Meinungen der Fachleute auseinander: während die einen sagen, dass es im Umfeld des Coachings und der Therapie kein "richtig" oder "falsch" gäbe bzw. geben dürfe, bin ich überzeugt, dass falsche bzw. unangemessene Fragen den gesamten Erfolg des Coachings in Frage stellen und/oder zerstören können.

Wir kennen das 4-Ohren-Modell[11], wir kennen die Sach- und Beziehungsebene der Kommunikation, und wir wissen, dass Menschen eine individuelle Betonung eines ihrer Sinne beim Kommunizieren haben. Alle diese Modelle über unsere Kommunikation münden jedoch in der Konsequenz, dass nur der Empfänger den Wert einer Botschaft bestimmen kann.

Coaches tun also gut daran, sich im Umgang mit den Klienten als ein neutrales Gefäß zu betrachten, und ihre persönlichen Befindlichkeiten hintan zu stellen.

Menschen, die sich Coaches anvertrauen, suchen einen geschützten Raum, in dem sie ihren Schutzpanzer ablegen dürfen, um ihr Innerstes zu offenbaren. Mit all ihren Fehlern, Schwächen und Unzulänglichkeiten - ohne

---

[11] Friedemann Schulz von Thun, teilt Sender und Empfänger einer Botschaft jeweils die Sach- und Beziehungsebene, Appell und Selbstkundgabe zu. Kommunikation könne demnach nur gelingen, wenn beide auf der selben Ebene sind.

irgendwelche Konsequenzen oder Vorwürfe befürchten zu müssen. Und wenn sie sich selbst im Spiegel so sehen, nackt und schutzlos, bricht sich - so meine Erfahrung - der schon vorhandene, aber meist unterdrückte, oder nicht eingestandene Wunsch nach Veränderung mit aller Macht Bahn. Daher noch einmal: wir als Coaches stellen dafür nur den geschützten Raum zur Verfügung und sind sozusagen die "Sherpas" unserer Klienten.

Das Bild des Sherpas leitet uns wunderbar über in den nächsten Teil, der **Semantik.** Einfach, weil das Fragen stellen und beobachten nur der halbe Weg ist - und eine alte Bergführer-Weisheit sagt: "Hinauf darfst Du - hinunter musst Du!". Der weitaus schwierigere Teil ist es, mit den Antworten umzugehen, denn die Semantik des Klienten im gelieferten Text ist Ausdruck seiner inneren Werte.

Warum ist das der schwierigere Teil? Schlichtweg weil:

"... das Hauptproblem der Kommunikation ist,

dass die meisten Menschen zuhören um zu antworten -

und nur äußerst selten um zu verstehen."

Coaches und Therapeuten haben nur die zweite Möglichkeit, wenn sie ihrer Aufgabe gerecht werden wollen.

Als Coach, aber auch als Führungskraft, benötigen wir ein Mindset, das es uns erlaubt, unser Ego für den Dienst an der Sache hintan zu stellen, uns selbst zurück zu nehmen: nur wer in der Lage ist, einige Schritte zurück zu treten, wird das gesamte Bild erfassen können.

Im wörtlichen wie im übertragenen Sinne "schönes Bild" dafür war ein kleines Gemälde, das mir eine Freundin als 20-Jähriger geschenkt hat. Es war von ihr selbst auf Leinwand gemalt, ein Mädchen-Bild: vollflächig rosafarben, bildmittig einige dunkle Flecken, in der Form eines Trapez' angeordnet. Kurz: es war beim besten Willen nicht erkennbar, was es darstellen sollte. - Nun, zur Höflichkeit erzogen, bedankte ich mich artig... und stellte es dann in eine Ecke. Etwa sechs Jahre später zog ich in ein Haus um, dessen Wohnzimmer sich über die gesamte Länge des Hauses streckte. Mitten im Umzug stand das Bild an der Wand, und diesmal sah ich es - statt wie zuvor nur aus 3-4 Metern - aus etwa 10 Metern Entfernung. Plötzlich materialisierten sich die dunklen Flecken in der rosa Fläche des Bildes zu den Worten:

ZU
NAH
DRAN

Meine Lehre daraus: Distanz schafft Übersicht, Übersicht schafft Ordnung und Struktur. Für mich war das - damals, mit Mitte Zwanzig, als junge Führungskraft und als Verantwortlicher für zwei kleine Kinder in meinem Haushalt - ein Weckruf, der mein Mindset verändert hat: in diesem Moment habe ich den ersten Schritt auf einem, mein weiteres Leben prägenden Weg gemacht: weg von der Führungs*kraft*, hin zur Führungs*persönlichkeit*. Das Interesse, andere und ihre Beweggründe zu verstehen, hatte ich schon immer - doch in jenem Augenblick habe ich verstanden, dass Führung sehr viel mit Distanzen und Kommunikation zu tun hat. Was uns zurück führt zum Thema Semantik, ihre Bedeutung und Auswirkung.

Wer sich einmal mit der Semantik beschäftigt hat, kann den Satz:

"Lass mich wissen was ich denke -
bevor(!) ich höre was ich sage!"

in seiner vollen Tragweite erfassen. - Unser Gehirn arbeitet im Unbewussten um ein Vielfaches schneller als wir es bewusst wahrnehmen können. Zu diesem Phänomen gehört keineswegs nur die sog. "Freud'sche Fehlleistung", sondern auch und besonders die Semantik: mit ihr drücken wir unsere innere Haltung und Wertschätzung bzw. Geringschätzung für einen Sachverhalt oder eine Person aus. Neben der Körpersprache ist hier ein weiterer "Gegner" für Menschen, die ihre wahre Haltung verbergen möchten, aber außer Stande sind zu schweigen.

Für die meisten Menschen "passiert" Sprache einfach - sie bedienen sich des Wortschatzes, der ihnen im Rahmen ihrer Sozialisation angedient wurde, den sie sich angeeignet und an den sie sich gewöhnt haben. Kindern kann man recht einfach einen neuen Wortschatz antrainieren; bei Erwachsenen ist das schon deutlich schwieriger. Und dass ein Erwachsener sich den Gebrauch einer lebenslang angewandten Mundart so sehr abgewöhnt, dass er die unverfälschte Hoch- / Schriftsprache spricht, setzt genauso viel Willenskraft und Konsequenz voraus wie das Erlernen und Gebrauchen eines völlig anderen Wortschatzes - selbst wenn es sich um die selbe Sprache handelt.

So teilen wir unserem Gegenüber oft mehr mit als uns bewusst oder recht ist: wo wir herkommen, was uns gerade im Innersten bewegt, was unsere Haltung zu einem Sachverhalt ist, oder was wir über eine Person denken. Einige tun es als einen "Versprecher" ab, andere wollen sich mit dem lateinischen "lapsus linguae" auch noch einen gebildeten Anstrich geben. Doch schon wenn einer hinterher schickt, er habe "das große Lat*r*inum", sollte klar sein, dass es weder mit der Bildung noch dem Anstand recht weit her sein kann.

Nachfolgend ein paar weitere Beispiele dafür, wie "verräterisch" Sprache sein kann. Die Schlüsselworte sind dabei kursiv gesetzt:

- "Da *muss* ich zum Kunden."
  Klartext: "Lust habe ich zwar keine, aber solange ich dafür bezahlt werde..."
  und, im Subtext: "... aber es ist immer noch besser als das, was du vorschlägst/von mir willst."
  Wer wenigstens Spaß an der Arbeit hat, wird sagen: "Da darf ich zum Kunden."

- "Ich *kann* nicht"
  Klartext: "Ich habe keine Lust" - oder schlicht: "Ich will nicht."
  Wer einen Vorschlag (Termin, Lösung, so ausschlägt, bekundet sein völliges Desinteresse. Denn: wäre ein Interesse vorhanden, würde der Sprecher einen Weg finden oder einen Alternativ-Vorschlag bringen.

- "Das *geht* nicht."
  Der Klartext ist hier etwas diffiziler: wer einen Vorschlag mit diesem Vorwand (denn das ist kein Argument!) abwehrt, hat meist über das Desinteresse hinaus auch noch Angst vor Veränderung. Unbedingt zurückfragen: warum? bzw. wie könnte es doch klappen?

- "Lass es mich *so* formulieren: ..."
  Klartext: "... damit Du selbst Du es verstehst." - alternativ kann es auch die Ankündigung sein: "Was jetzt kommt ist bestenfalls eine Halbwahrheit."

- "Sagen wir *mal*..." oder "Ich sag *mal*..."
  Klartext: "Ob das stimmt, was ich jetzt gleich sage, könnte stimmen, vielleicht tut es das aber auch nicht, letztlich ist mir das aber auch völlig

egal, denn Du bekommt die Antwort, die dem nahe kommt, was Du hören willst." - In der Wir-Form distanziert sich der Sprecher zudem persönlich vom Inhalt des nachfolgenden Textes. Wird gerne verwendet, wenn der Sprecher ein Statement im Namen anderer abgibt bzw. abgeben muss.

- Das Wörtchen "*man*"
  Klartext: Der Sprecher versucht die Identifikation des Gesagten mit seiner eigenen Person zu vermeiden, indem er sich in Allgemeinplätze flüchtet. Dahinter steht meist eine bewusste Distanzierung des Sprechers vom Inhalt der Botschaft.

- Das Wörtchen "*eigentlich*"
  Klartext: Verschleierungstaktik. Der ursprüngliche Wortsinn als ein Synonym für "tatsächlich" oder "in Wirklichkeit" wurde im Sprachgebrauch ins Gegenteil "anscheinend" verkehrt. Gerne mal nachfragen: "... und wie verhält es sich tatsächlich?"

- Dem anderen permanent *ins Wort fallen*
  Klartext: respektlose Machdemonstration nach dem Muster: "Was Du sagen willst ist völlig unwichtig, das Sagen (wortwörtlich) habe hier ich - und nur ich allein."

- Das "*Ja, aber...*" -Spiel
  Klartext: ebenfalls ein reines Machtspiel: "Erst gebe ich Dir zum Schein Recht, damit Du Dich besser fühlst - nur um Dir sofort zu widersprechen, und dann zeige ich Dir nämlich schon, wer hier in Wirklichkeit Recht hat!"

- Der häufige/ständige Gebrauch des *Konjunktiv*s
  Karl Valentin formulierte es einst sehr treffend: "Eigentlich hätten wir ja schon gewollt, aber dürfen haben wir uns dann doch nicht getraut."
  Klartext: Wer häufig den Konjunktiv gebraucht, bringt damit seine

Unsicherheit zum Ausdruck. Dabei kann sich die Unsicherheit situativ auf Sachfragen beziehen, aber auch in der Persönlichkeit verankert sein.

- Das Wörtchen "*nicht*"
  Viele Missverständnisse resultieren aus dem Gebrauch dieses Wortes: im Universum ist diese Art der Verneinung unbekannt, das Wort ist wertlos - es ist eben genau das: ein "Nichts". Genau deswegen überhören wir es so häufig: unser Unbewusstes ist außer Stande es zu verarbeiten. Vielleicht haben Sie es beim Lesen dieses Buches schon bemerkt: auch ich vermeide seinen Gebrauch bewusst und wann immer es möglich ist.

- Die Betonung der *persönlichen* Präferenz
  Menschen neigen dazu, ihren Gesprächspartnern Entscheidungen abzunötigen, indem sie sie vor eine Wahl stellen. Dabei betonen wir unsere Präferenz indem wir diese als letzte Alternative präsentieren. Viele Zuhörer haben eine nur kurze Aufmerksamkeitsspanne, merken sich nur das zuletzt Gesagte, und entscheiden sich dafür. Die meisten machen es intuitiv, weil es so in unserem Unbewussten verankert ist.

Bei geschulten Verkäufern (z.B. Kellner) ist es selten intuitiv, sondern eine erworbene Verkaufsstrategie: "Möchten Sie ein kleines Bier... oder ein normales?" In diesem Beispiel kommen weitere Faktoren dazu: das Gegenteil von "klein" wäre "groß", hier wird es als "normal" bezeichnet. Und die meisten wollen "normal" sein, der großen Gemeinschaft angehören.

Die Kunstpause erhöht die Spannungskurve, und somit die Aufmerksamkeit des Zuhörers bevor die persönliche Präferenz ausgesprochen wird. - Und sollte der Kellner die die Stimme im Satz auch noch modulieren, also "kleines" in einer minimal höheren und "normales" in einer minimal tieferen Tonlage als den Rest des Satzes sprechen, erreicht er, dass der männliche Gast unbewusst "kleines" mit

"Kind" assoziiert, und "normales" mit "erwachsen". Und schon ist in 98% der Fällen ein großes Bier verkauft.

Mit der Semantik können wir aber auch unseren Respekt und unsere Wertschätzung für eine Person oder eine Leistung ausdrücken. Denn Sprache kann sowohl Nähe als auch Distanz herstellen: im Deutschen ist es mir "Du" und "Sie" noch relativ einfach, aber auch im Englischen gibt es durchaus einen Unterschied zwischen dem vertrauten und dem förmlichen "you".

Als ein Mensch, in dessen Sozialisierung Anstand und Umgangsformen eine große Rolle gespielt haben, ist es mir persönlich wichtig, dass Distanzen und das Bedürfnis danach respektiert werden. Keineswegs nur mir selbst gegenüber - auch mir selbst ist es ein Bedürfnis, diesen Respekt anderen zu erweisen (zum Resonanzprinzip kommen wir ausführlich im Kapitel 4).

Das große Missverständnis, das sich seit etlichen Jahren wie ein Krebsgeschwür durch unsere Arbeitswelt frisst, ist die mutwillig-falsche Interpretation des angelsächsischen "you" in der Arbeitswelt: das plumpe, allgemeine "Duzen", das auch noch als Teil der Unternehmens*kultur* verkauft wird. Nur weil die angelsächsische Start-Up-Welt - vermeintlich - ja ach so "hip" ist. Beim Thema Abgrenzung habe ich es bereits angesprochen, und im Framing des "New Work" mag es ja auch durchaus stringent sein. Tatsächlich ist es aber nur eine unsägliche Unart - ja, ich empfinde es als eine dreiste Übergriffigkeit, eine Geringschätzung der Person und ihres Bedürfnisses nach Intimität und Distanz. Im Ergebnis hat dieses Missverständnis des "you = Du" auch viel zur so oft beklagten Verrohung der Sprache und des zwischenmenschlichen Umgangs unserer Tage beigetragen.

In der Semantik findet bzw. verschafft sich also unsere innere Haltung Ausdruck. Wenn wir zulassen, dass uns Sprache einfach "passiert", mag das zwar authentisch sein. Wie weit es mit der Sozialverträglichkeit her ist, ist die Frage.

Warum habe ich der Semantik einen so großen Raum gegeben? Weil Sprache eines unserer wichtigsten kognitiven Fähigkeiten ist, und die Basis, auf der wir miteinander interagieren. Es ist ein Merkmal guter Coaches und unterscheidet Führungs*kräfte* von Führungs*persönlichkeiten*, dass sie immer alle Ohren offen halten, insbesondere im Gespräch mit ihren Klienten bzw. Mitarbeitern, um zu verstehen. Zu verstehen, was ihren Gesprächspartner bewegt.

Semantik ist auch ein wichtiger Baustein der BurnOut-Prävention: wer für sich ***Selbst.Wert.Schätzung.*** aufbringt, wird auch in seiner Sprache - verbal, non-verbal und auf der Beziehungs-Ebene - wertschätzend kommunizieren. Das verursacht weniger Stress, also weniger Phasen der Anspannung.

Der folgende Abschnitt behandelt die bereits angesprochenen **Distanzen** etwas näher. Zum besseren Verständnis: uns Menschen ist ein Bedürfnis nach Distanz zu anderen Menschen angeboren. Das bezieht sich keineswegs auf die Sprache allein, sondern auch auf die räumliche Distanz.

Dabei unterscheiden wir zwischen drei Distanz-Zonen:

- Die Intim-Distanz, Radius ca. 20 - 60 cm um sich herum

  In dieser Zone dulden wir nur Menschen, die sich unser Vertrauen erworben haben. Dringen andere ohne unsere Erlaubnis in diese Zone ein, empfinden wir es als Bedrohung. Je höher der soziale Status einer Person, desto mehr Raum fordert sie für diese Zone ein.

- Die persönliche Distanz, Radius ca. 50 cm - 1 m

  In dieser Zone führen wir Gespräche mit Personen, ohne dass wir uns von ihnen bedrängt oder bedroht fühlen.

- Die gesellschaftliche Distanz, Radius ca. 1 - 2 m

    Dies ist der Abstand zwischen Menschen, die sich unbekannt sind, und auch keinen Wunsch nach Kontaktaufnahme zueinander erkennen lassen. Im gesellschaftlichen Rahmen (z.B. Empfänge, Konferenzen, Netzwerk-Veranstaltungen) gelingt der Übergang heute formlos aus eigenem Antrieb, meist über den Blickkontakt. Besser ist es aber, wenn jemand, der beide Personen kennt, diese einander vorstellt.

Eine Ausnahme ist der Händedruck als vertrauensbildende Maßnahme: hier geht es aus der gesellschaftlichen Distanz direkt in die Intim-Distanz, um dann sich in die persönliche Distanz zurück zu ziehen. Weitere Ausnahmen sind unabwendbare Situationen in Fahrstühlen, bei Empfängen, sowie Fahrten in Pkw und öffentlichen Verkehrsmitteln.

Diese drei Distanzen lassen sich aber auch auf die Sprache übertragen:

- In der Intim-Distanz finden wir unsere Familie.

    Dabei bezieht sich der Begriff "Familie" keineswegs zwingend oder gar ausschließlich auf Blutsverwandte, sondern vielmehr auf die Seelen-Familie: also die Menschen, denen wir uns besonders "nahe" fühlen. Wir duzen, verwenden den Vornamen, ggf. Kosenamen, formulieren frei was wir denken, und bringen uns gegenseitig zum Lachen.

- In der sprachlichen Version der persönlichen Distanz

    gibt es die meisten Erscheinungsformen. In dieser Zone finden wir Bekannte, Arbeitskollegen und Geschäftspartner. Das fängt an beim förmlichen Siezen mit ausschließlichen Sachthemen, setzt sich fort über das informelle Siezen (z.B. Vorname und Sie) bei dem es auch schon etwas "menschelt", und endet beim lockeren Rufnamen und Duzen, bei dem aber jeder die Grenzen zur Vertraulichkeit respektiert.

- Die gesellschaftliche Distanz

    drücken wir sprachlich aus, indem wir Titel + Nachname für die Anrede verwenden, und natürlich Siezen... wenn der Kontakt denn doch zustande kommt. Inhaltlich wird es hier kaum tiefer gehen als unverbindlicher Small Talk.

    Darüber hinaus gibt es weitere Möglichkeiten, mit den Distanzen zu "spielen". So halten wir Menschen auf Distanz, etwa indem wir ausweichen: die Frage nach dem Befinden "Wie geht's?" ist in den allermeisten Fällen eine reine Floskel, und nur die wenigsten sind an einer ehrlichen Antwort wirklich interessiert. Was also hindert uns, mit einem: "Am liebsten gut!" zu antworten? Das ist weder gelogen, noch sagt es irgend etwas über unser tatsächliches Befinden aus. Vor allem aber belästigen wir niemand mit unserem tatsächlichen Zustand, dem es ohnehin egal ist. Wenn aber unser Gegenüber jedoch konkret nachfragt, hat er uns zumindest mitgeteilt, dass er die Antwort genau aufgenommen hat. Bleibt die Nachfrage aus, zeigt uns auch das die Qualität der Beziehungsebene, auf der unser Gesprächspartner sich selbst mit uns sieht. Zeitgleich ist es ein Hinweis, was vom anstehenden Gespräch, zumindest auf dieser Ebene, zu erwarten ist.

    Was hat das mit BurnOut-Prävention und *Selbst.Wert.Schätzung.* zu tun? - Das Unterschreiten der Distanzen, v.a. dauerhaft und wiederholt, empfinden wir als übergriffig, Es verursacht, dass wir unter permanenter Anspannung (Angriff oder Flucht) stehen, und innerlich verkrampfen. Eine Gegenmaßnahme kann sein, dass wir uns bewusst aus der Situation hinaus begeben: wir können Treppen statt Aufzüge benutzen, uns von größeren Menschenansammlungen fern halten, uns wenigstens Pause(n) gönnen, oder unsere Position so wählen, dass uns keiner "in den Rücken fallen" kann.

Wie verletzend und respektlos schlechte Kommunikation sein kann, habe ich selbst bei einer Vertriebstagung am Beispiel eines Vorgesetzten in einem Unternehmen erlebt: auf die Frage "Wie geht's", antwortete ein Kollege, dass er gerade zwei Tage zuvor seine Frau und die Schwiegermutter bei einem tödlichen Verkehrsunfall verloren habe. Der Vorgesetzte klopfte ihm auf die Schulter, grinste ihn an und meinte, "Mensch, Klasse, das freut mich für Sie!" und ging seiner Wege - woraufhin der Kollege, ein Bär von einem Mannsbild, den sonst nichts erschüttern konnte, weinend zusammenbrach.

Sehen wir von so offensiv verletzender Kommunikation ab, bleibt es beim Grundsatz: "Den Wert einer Nachricht bestimmt immer der Empfänger."

Weil das so ist, kommen wir zu einer Technik, die sich der Semantik bedient, um sie strategisch in der Kommunikation einzusetzen: das **Framing**. Auch zu diesem Thema gibt es bereits sehr viel Literatur, daher hier nur das Wirkprinzip: ein Sachverhalt wird - wie ein Bild - in einem Rahmen (engl.: frame) präsentiert, der der sicherstellen soll, dass der Inhalt beim Empfänger exakt die gewünschte Wirkung erzielt. Der Sachverhalt selbst kann den Tatsachen entsprechen, muss es aber keineswegs. Dieses Vorgehen steht allerdings immer wieder in der Kritik - zuletzt traf es die Redaktion der Nachrichtensendung "Tagesschau" - weil diese aus der Psychotherapie und NLP[12] kommende Technik, in den Medien eingesetzt, auch zur Manipulation der Massen geeignet ist.

An dieses Stelle sollten wir trennscharf abgrenzen: neben dem Framing gibt es auch noch das Narrativ und die Geschichte. Unterscheidungsmerkmal ist, dass das Framing die psychologische Technik ist, deren sich die anderen beiden bedienen.

---

[12] NLP = Neuro-Linguistisches Programmieren: in den 1970er-Jaher vom Psychologen Richard Bandler und dem Linguisten John Grinder entwickelte Technik zur Erforschung der psychologischen Wirkung der Sprache im Umfeld der Psychotherapie.
In Verbindung mit Verkaufstechniken (Neuro-Linguistic Selling) fällt oft der Vorwurf der unseriösen Manipulation.

Das Narrativ, dem Worte nach eine "Erzählung", verkürzt die Geschichte an entscheidender Stelle, oder schmückt sie aus. Dabei geht der Erzähler mit der Wahrheit "eher flexibel" um, der Anteil an Unwahrheit kann durchaus erheblich hoch sein.

Noch weiter geht der Begriff "Geschichte": der Wahrheitsgehalt kann hier schon auch mal in Richtung "Märchen" gehen. Zur Klärung ist es hilfreich, sich den englischen Begriff einmal näher zu analysieren. Warum? Weil "history" von "his story" (dt.: seine Erzählung) kommt - mit Betonung auf *seine,* denn: Geschichte wird von Siegern geschrieben. Die haben aber kein Interesse an der Wahrheit - sie wollen sich selbst als Helden gefeiert sehen, und sich der Nachwelt als solche erhalten wissen. Da würden die für den Sieg billigend in Kauf genommenen Gräueltaten den Glanz schnell verblassen lassen. Die Wahrheit darüber ist dann eher irgendwo zwischen "lästig" und "Bedrohung" angesiedelt.

Semantik ist also einer der Dreh- und Angelpunkte im Coaching: es ist die Basis für eine bewusst achtsame Gesprächsführung. Das gilt zwar auch für die zwischenmenschliche Kommunikation ganz allgemein, aber im Bezug auf die BurnOut-Prävention in besonderem Maße - sowohl im Gebrauch der eigenen Sprache, als auch im Zuhören, aber auch für das Anleiten des Klienten hin zu einem wertschätzenden Ausdruck in Gedanken und Worten.

Genau darum geht es beim Coaching: der Klient bringt bereits alle Lösungsansätze mit. Die Aufgabe des Coaches ist, ihm einen geschützten Raum zu bieten, in der der Klient diese findet, sie dem Klienten zu zeigen, und ihn bei der Umsetzung zu begleiten. Ein Coach, der von sich aus Lösungsansätze anbietet, oder gar seine dem Klienten überstülpen will, überschreitet die Grenzen seines Handlungsrahmens massiv.

Das führt uns zum nächsten Kapitel.

3 Grenzen des Coachings

In diesem Kapitel geht es also um die **Grenzen des Coachings**. Lassen Sie mich mit den rechtlichen Grenzen anfangen, aus ihnen ergeben sich automatisch alle anderen.

Dafür schauen wir uns an, welchem Bereich das Coaching zuzuordnen ist, und finden uns wieder im Umfeld des Medizinrechts. Die erste Frage tönt also: "Was ist Medizinrecht?" - In diesen Rechtsgebiet werden alle schuld-, standes- und haftungsrechtlichen Fragen zwischen Heilkundigen (also den Leistungserbringern) und Patienten (also den Leistungsempfängern), zwischen Patienten und Kostenträgern (also den Kranken-/Rentenversicherungen und Berufsgenossenschaften), sowie den Leistungserbringern untereinander geregelt.

Die "Leistung" selbst ist die Heilbehandlung, genauer: die **heilkundige Tätigkeit**. Diese ist ausschließlich Personen vorbehalten, die dafür eine gültige staatliche Erlaubnis (Approbation) haben - sei es als Arzt, Pfleger, Sanitäter, Heilpraktiker, Osteopathen etc.

Daraus folgt logisch die zweite Frage: "Ist Coaching eine heilkundige Tätigkeit?" - oder, anders formuliert: "Ist das Medizinrecht auf das Coaching überhaupt anwendbar?"

Tatsächlich ist das Coaching in den Augen vieler in einer rechtlichen Grauzone angesiedelt, und wird entsprechend misstrauisch beäugt - keineswegs nur von Ärzten und Therapeuten; auch die Öffentlichkeit ist Coaches gegenüber oft zurückhaltend. Dabei wurde mit dem Psychotherapeutengesetz (PsychThG) im Jahre 1999 durchaus Klarheit geschaffen. Nachfolgend der Wortlaut:

"Ausübung von Psychotherapie im Sinne dieses Gesetzes ist jede mittels wissenschaftlich anerkannter psychotherapeutischer Verfahren vorgenommene Tätigkeit zur Feststellung, Heilung oder Linderung von Störungen mit Krankheitswert, bei denen Psychotherapie indiziert ist. Im Rahmen einer psychotherapeutischen Behandlung ist eine somatische Abklärung herbeizuführen.

Zur Ausübung von Psychotherapie gehören **nicht**: psychologische Tätigkeiten, die die Aufarbeitung und Überwindung sozialer Konflikte oder sonstige Zwecke außerhalb der Heilkunde zum Gegenstand haben."[13]

Entscheidend für das Coaching und die Rechtssicherheit des Verhältnisses zwischen Coaches und ihrer Klienten sind in diesem Abschnitt zwei Passagen:

1. Der Coach darf keine Störung von Krankheitswert diagnostizieren, heilen oder lindern.

2. Der Coach darf jedoch sehr wohl psychologische Tätigkeiten vornehmen, "die die Aufarbeitung und Überwindung sozialer Konflikte oder sonstige Zwecke außerhalb der Heilkunde zum Gegenstand haben."

Wie bei so vielen Gesetzestexten, gibt es auch hier Spielraum für Interpretation: was sind "sonstige Zwecke außerhalb der Heilkunde"? Solange sich Coaches an die beiden o.g. formaljuristischen Vorgaben halten, bewegen sie sich weitestgehend auf sicherem Geläuf.

Doch wie soll ein Coach feststellen, dass sein Klient einer Therapie bedarf, die nur ein Arzt, Therapeut etc. vornehmen darf? Er selbst darf ja nicht einmal eine Diagnose "von Krankheitswert" stellen. Er bedient sich der semantischen Eleganz des "Verdachtes auf" und überweist an den approbierten Kollegen zur weiteren Abklärung des Falles.

---

[13] § 1 Abs. 3 PsychThG

Daraus ergibt sich aber zwingend, dass seriöse Coaches

1. sich schon durch die Wahl der die Begrifflichkeit abgrenzen, und keine "Patienten", sondern ausschließlich "Klienten" oder "Mandanten" haben,

2. ihren Klienten im Vorgespräch über die Grenzen des Coachings informieren,

3. nur präventiv, z.B. als "Sparringspartner" arbeiten,

4. sich ein hervorragendes Netzwerk aus sehr guten Therapeuten und Ärzten aufbauen,

5. stringent und ohne Ausnahme auf und in dieses Netzwerk überleiten, sobald sie erkennen, dass sie ihre eigenen und/oder die rechtlichen Grenzen erreichen,

6. niemals "behandeln", "therapieren" oder gar "heilen",

7. vor allem aber niemals(!) Heilungsversprechen abgeben.

An dieser Stelle mache ich auch auf die mögliche, persönliche Haftbarkeit eines Coaches aufmerksam: sollte durch das Coaching dem Klienten ein Schaden widerfahren, der ihn arbeits-/erwerbsunfähig macht, oder - im Extremfall - ihn sogar in den Suizid führt, könnten auf den Coach erhebliche Schadensersatzansprüche zukommen - insbesondere wenn ihm die Überschreitung seiner rechtlichen Grenzen nachzuweisen ist.

Denn: im Ernstfall wird nach der *tatsächlich ausgeübten Tätigkeit* geurteilt. Schon daran wird es bereits erkennbar, wie wichtig eine gute Dokumentation ist. Mehr zur Ausgestaltung selbiger im Kapitel 8.

Eine weitere Grenze ist der Vertrieb von "Gesundheitsprodukten" durch Coaches und Therapeuten. In diesem Zusammenhang begegnen wir meist Multi-Level-Marketing-Systemen, auch als MLM bekannt. Hier treffen dann Profitgier und Warendruck auf Leidensdruck. Eine zweifelhafte Melange.

Gerade im unregulierten Marktsegment der Unterstützung natürlicher Lebensweisen tummeln sich viele Glücksritter und Lebenskünstler, selbsternannte "Mittler zwischen den Welten", "Gurus", "Yogi's" und andere Scharlatane, die ihren Lebensunterhalt durch das Ausnutzen der Hoffnungen und Sehnsüchte anderer ergaunern. Angefangen von einfachen Esoterik-Gadgets bis hin zu regelrechten Messen und professionellen MLM-Strukturen gibt es alles in diesem unübersichtlichen Marktplatz der Merkwürdigkeiten. Ein einfaches "Wer heilt hat recht" kann man auf gar keinen Fall gelten lassen, denn: Coaches dürfen gar keine heilkundige Tätigkeit ausüben (s.o.).

Doch egal ob es sich um Magnetresonanz-Matten, Abnehm-Armbänder, Tensoren, Aura-Messgeräte oder bestenfalls fragwürdige Nahrungs-Ergänzungsmittel zur Selbstoptimierung handelt: fast alle haben sie gemeinsam, dass der Coach als "Vertriebsmitarbeiter" sich ein Grundstock an Produkten kaufen muss, um diese dann mit Gewinn weiter zu veräußern. Das an sich wäre noch gar nicht verwerflich, denn das ist das Prinzip des Handels. Unseriös wird es wenn beim Klienten - hier: Käufer - der Eindruck vermittelt wird, dass er dieses Produkt *braucht*, um seine Situation zu verbessern, oder - in der gesetzwidrigen Variante - dass sein Leiden gemindert oder gar geheilt werde.

Gerade unter Heilpraktikern und Heilpraktikern für Psychotherapie hat sich diese Praxis der Einkommensaufbesserung in den letzten Jahren immer mehr eingeschlichen. Man könnte meinen: "Was den Ärzten die iGeL[14]-Kasse, das ist den Heilpraktikern das Eso-Zubehör."

---

[14] iGeL = individuelle Gesundheits-Leistung. Von den Patienten selbst zu tragende Kosten für Untersuchungen und Anwendungen, die ausschließlich die Einkommenssituation der Ärzte aufbessern, aber dem Patienten bestenfalls einen "hippokratischen Nutzen" (= es schadet nicht) bringen.

Halten wir uns vor Augen: Coaches und Therapeuten verdienen ihren Lebensunterhalt dadurch, dass sie sich selbst, insbesondere ihr Können und ihre Lebenszeit, in den Dienst des Wohlergehens anderer stellen. Das ist schon sehr nahe an der Definition der Gemeinnützigkeit und stellt völlig zu Recht hohe ethische Ansprüche an den Coach, Heilpraktiker oder Therapeuten.

Natürlich werden Coaches für ihren Zeitaufwand nach Stundensatz entlohnt, der mit dem Grad der Qualifikation des Leistungserbringers auch durchaus steigen darf und soll. Das ist völlig in Ordnung, das nennt man einen Werte-Ausgleich.

Ein Produktvertrieb stellt jedoch einen klaren Interessenkonflikt dar. Mehr noch: er erzeugt zudem beim Klienten zeitgleich einen System- und Vertrauensbruch - insbesondere, wenn die mit dem Produkt verbundenen Erwartungen verfehlt werden. - Warum? Weil dem Klienten schlagartig bewusst wird, dass seine Erwartung an den Coach, ihm einen geschützten Raum zu stellen, bitter enttäuscht wurden. Semantik: ENTtäuscht kann nur jemand werden, der vorher GEtäuscht wurde.

Wer als Klient sich mit solchen Coaches oder Therapeuten, als Patient mit gierigen Ärzten konfrontiert sieht, sollte sich ernsthaft fragen, was höher ausgeprägt ist: die Geschäftstüchtigkeit oder die fachliche Qualifikation?

4 Faktoren positiver Lebensführung

Im nun folgenden Kapitel kehren wir vom juristisch-ethischen Exkurs zurück zu dem, was wir als Individuen aktiv für uns selbst im Rahmen der BurnOut-Prävention tun können. Als erstes sind die **Faktoren positiver Lebensführung** zu nennen.

Steigen wir ein mit einer Beispiel der Abgrenzung aus dem Zen:

> "Wenn ich esse, dann esse ich.
> Wenn ich gehe, dann gehe ich.
> Wenn ich schlafe, dann schlafe ich."

Es geht um das Sein im Hier und Jetzt, das Ausschließen lästiger Störungen und Ablenkungen, und die Fokussierung auf die in diesem Moment gerade ausgeübte Tätigkeit. Wir kennen es von kleinen Kindern: wenn sie sich ins Spiel vertiefen, gibt es nur noch diese Welt für sie - bis das Spiel beendet ist. "Werdet wie die Kinder..." Heute wird aber schon von größeren Kindern erwartet, dass sie mehrere Dinge gleichzeitig erledigen, viele haben einen durchgetakteten Terminkalender - und dann wundern sich Eltern, dass ihre Kinder unter AD(H)S[15] leiden.

Doch die Frage drängt sich auf: bezieht sich das "Defizit an Aufmerksamkeit" nun darauf, dass das Kind seine Aufmerksamkeit nicht richten kann, oder darauf, dass es von seinen Eltern Terminstress statt Aufmerksamkeit,

---

[15] AD(H)S = Aufmerksamkeits-Defizit-(Hyperaktivitäts-)Syndrom

Liebe und Zuwendung bekommt? Das mutet an wie das klassische Henne-Ei-Dilemma, nicht wahr?

Als Heranwachsende lassen wir uns noch leichter ablenken: durch das Internet, durch Smartphones und "soziale" Medien. Als Erwachsene haben wir auch noch die Geräuschkulisse in Großraumbüros etc. - und wundern uns, dass wir nichts mehr richtig auf die Reihe bekommen.

Wir alle haben unterschiedliche Rollen, die wir zu erfüllen haben. Dennoch verfügen wir "nur" über 100% Aufmerksamkeit, die wir richten können. Das **Märchen vom Multitasking** erzählt uns, dass Aufmerksamkeit sich durch Teilung vermehre - doch das Gegenteil ist der Fall: es wird nur in mehr Teile aufgespalten, die in der Summe dennoch wieder "nur" die ursprünglichen 100% ergeben können. Mal davon abgesehen, dass das Märchen vom Multitasking schon mathematisch Unfug ist, haben Neuro-Wissenschaftler auch nachgewiesen, dass die Prozesse in den Synapsen unseres Gehirns ohnehin nur *nacheinander* ablaufen, wenn wir mehrere Dinge gleichzeitig erledigen. Im Ergebnis führen wir dann aber alle Tätigkeiten unterschiedlich schlampig, aber eben alle nur schlampig aus - weil die jeweilige, 100%-ige Fokussierung fehlt.

Für den Alltag bedeutet Abgrenzung, dass wir alle Störfaktoren ausschalten, um das Maximum unserer Aufmerksamkeit auf eine Sache richten zu können:

- das Mittagessen mit Kollegen mag eine wichtige soziale Wirkung auf das Zusammengehörigkeitsgefühl des Teams haben - für uns selbst ist es beim Essen eine Störung, die die wirklich wichtige Tätigkeit - nämlich die Aufnahme lebenserhaltender Nährstoffe - in den Hintergrund rücken läßt... insbesondere wenn dabei nur Arbeitsthemen besprochen werden.

- Ständige Erreichbarkeit und Präsenz in den nutzergetriebenen Medien (vulgo: Social Media) scheint das Postulat unserer Zeit zu sein. Wer nicht sofort auf ein Posting reagiert "disst"[16] schon den Chat-Partner. Mir stellen sich dazu zwei Fragen: 1.) "Warum lassen wir uns diesen, angeblich 'sozialen' Netzwerken treiben, wenn sich andere völlig unsozial verhalten?" - Und 2.) "Warum lassen wir uns von solchen Menschen auf ihr Niveau hinunter ziehen?"

- ist es unsere Geltungssucht oder Mitteilungsbedürfnis, was uns glauben lässt, dass unser Prahlen mit dem, was wir gerade erleben, für die Welt von Bedeutung sein könnte?

- ist es unser Bedürfnis, "dazu gehören" zu wollen, das uns dazu treibt, unser innerstes vor aller Welt auszubreiten?

oder

- ist es die nackte Angst, es mit uns selbst alleine aushalten zu müssen, wenn wir keine Ablenkung haben?

Dafür kommen Mobilgeräte zum Einsatz, die zwar noch das Wort "Phone" im Namen tragen, bei denen aber das Telefonieren bestenfalls eine untergeordnete Funktion hat. Dieses elektronische Gerät halten wir zwar in der Hand, tatsächlich aber hat es die meisten Menschen im Griff. Die meisten scheinen vergessen zu haben, wofür der Ausschalt-Knopf eingebaut wurde.

Semantische Demaskierung: wir "bedienen" Geräte ja auch, statt sie zu nutzen. Im Englischen heißt es "users' manual", früher wurde das wörtlich als "Benutzerhandbuch" ins Deutsche übersetzt. Wer bitte hat den heute üblichen Ausdruck "Bedienungsanleitung" etabliert... und mit welcher Intention?!? Wir erinnern uns: Semantik ist der Ausdruck einer inneren Haltung...

---

[16] dissen = Jugendsprache, aus dem engl. dis-respect = geringschätzen, sich verachtend verhalten

Kehren wir zurück zur Frage, ob wir es mit uns alleine aushalten können. Ein Satz meines damals über 90-jährigen Großvaters hat mich dazu schon als Teenager tief beeindruckt - auch wenn ich dessen Weisheit erst viel später erfasst habe:

"In meiner eigenen Gesellschaft habe ich mich immer wohl gefühlt, war nie einsam, und ich habe mich keine Sekunde lang gelangweilt."

In diesem Satz kondensieren fast 100 Jahre Lebenserfahrung, Beobachtungsgabe, und die innere Haltung einer positiven Lebensgestaltung:

- das Ruhen in sich selbst,
- das sich-selbst-Aushalten-und-mögen-Können, und
- immer eine sinnstiftende Beschäftigung finden.

Der nächste Abschnitt zu den Faktoren positiver Lebensführung führt uns zur **gesunden Steuerung zwischen AN-Spannung und ENT-Spannung** - als wesentliches Element der BurnOut-Prävention und der *Selbst.Wert.Schätzung.*

Basis dieser Steuerung ist unser Bio-Rhythmus. Jeder Mensch hat seine individuelle Steuerung der Schlaf-/Wach-Phasen, auch als *Chronotyp* bezeichnet. Dies ist genetisch codiert und vorgegeben - gesellschaftliche Erwartungen wie "Nur der frühe Vogel fängt den Wurm" und ähnliche Phrasendreschereien führen - so wir ihnen denn nachgeben - zum sog. **Social Jetlag**.

Für dieses Phänomen hat die LMU München ein eigenes Institut für Chronobiologie eingerichtet, das sich mit den Auswirkungen des Social Jetlag beschäftigt. Diese reichen von Übergewicht über ein erhöhtes Krebsrisiko bis hin zu einem 11% höheren Risiko für coronare Erkrankungen u.v.m., was in diversen Studien nachgewiesen[17] wurde.

Direkt aus dem Chronotyp resultiert die Frage nach dem richtigen Zeitmanagement. Der Volksmund sagt: "Zeit hat man nicht, Zeit nimmt man sich." - ich formuliere es etwas deutlicher:

"Wir haben in diesem Leben nur eine begrenzte,
uns unbekannte Quantität an Zeit zu unserer Verfügung.
*Es ist Ausdruck unserer **Selbst.Wert.Schätzung.**,*
WIE und MIT WEM wir Zeit verbringen,
und WELCHEN SINN wir ihr dadurch geben."

Wenn wir uns diesen Satz verinnerlichen - ihn bewusst leben - verändert sich alles. Es ist der Kernsatz, Dreh- und Angelpunkt einer jeden gelungenen BurnOut-Prävention. Alles andere ist dann "nur noch" dessen Konsequenz - nicht dass es dadurch leichter werden würde, denn mit diesen Folgen muss man auch leben *wollen*.

Basis ist die **Selbst.Wert.Schätzung.** - also die Wertschätzung der eigenen Person. Diese Wertschätzung äußert sich in den unterschiedlichsten Erscheinungsformen: ausreichend Schlaf in der zum Chronotyp passenden Zeitspanne und in der richtigen Qualität. Das kann Folgen auf die Arbeitssituation haben, es kann die Trennung der Schlafzimmer der Lebenspartner bedeuten, oder auch nur die Anschaffung eines metallfreien

---

[17] https://www.uni-muenchen.de/forschung/news/2018/roenneberg_interview.html

Bettes und die Stromfreischaltung des Schlafzimmers. Dass nachts Mobiltelefone und W-LAN ausgeschaltet sein sollten, versteht sich von selbst.

Eine weitere Konsequenz kann und wird erfahrungsgemäß ein verändertes Zeitmanagement sein - beruflich wie privat. Auf das Thema Zeitmanagement gehe ich noch im Kapitel 8 ausführlich ein. Vorab nur so viel: lassen wir Zeitdieben keine Chance! Es bekommt nicht mehr jeder einen Termin, und die Termine haben vor allem einen vorherbestimmen Endpunkt, der zu Beginn klar kommuniziert wird.

Wer seine Lebensweise auf ***Selbst.Wert.Schätzung.*** umstellt, wird in der Folge auch berufliche Veränderungen erleben: "Passen mein Arbeitsumfeld und ich unter den veränderten Bedingungen noch zusammen?" - das ist eine der häufigsten Fragestellungen im Kontext eines BurnOut-Präventionscoachings.

Auch für private Treffen sollten wir uns fragen: "Ist die Beziehung zu dieser Person eher eine flüchtige Bekanntschaft, oder doch eine tiefere Freundschaft? Bin ich bereit, meine Lebenszeit in die Beziehung zu dieser Person zu investieren?" Merkmal einer Freundschaft ist, neben dem bewährten Vertrauen zueinander, vor allem, dass *beide* davon profitieren. Flüchtige Bekanntschaften gleichen eher Einbahnstraßen: einer investiert, der andere profitiert. Und dann gibt es noch die Energieräuber: das sind Menschen, die sich für uns scheinbar unentbehrlich machen, uns aber tatsächlich nur unsere Energie rauben, Zeit binden, und immer anstrengend sind. Die Wertschätzung uns selbst gegenüber wird - eher früher als später - zur Folge haben, dass wir diese Spezies aus unserem privaten Umfeld entfernen werden.

Es kann natürlich auch sein, dass das veränderte Verhalten und das "neue", bewusste Leben zu Veränderungen der inner-familiären Strukturen führt - weil es einem nach vielen Jahren bewusst wird, was da tatsächlich abgelaufen ist, und der Betroffene sich ausser Stande sieht, das so fortzuführen. Das kann die Trennung vom Lebenspartner bedeuten, oder aber die völlige Neustrukturierung bzw. das Ausscheren aus dem Verbund der Blutsfamilie.

Im letzten Abschnitt dieses vierten Kapitels kommen wir auf das **Resonanzprinzip** zu sprechen. Viele kennen das Sprichwort vom Walde, aus dem es so heraus schallt wie jemand hinein gerufen hat. Was physikalisch leicht erklärbar ist (Schallwellen, Echo), ist auf der rein biologischen Ebene das, den meisten ebenfalls bekannte, recht einfache Wirkprinzip der Spiegelneuronen. Gähnt unser gegenüber, bringen uns Spiegelneuronen in unserem Gehirn dazu, selbst gähnen zu wollen. Aber auch auf der psychischen Ebene haben wir das unbewusste Bedürfnis, uns unserem Gegenüber anpassen zu wollen - wenn er uns sympathisch ist.

Wenn wir dieses Prinzip bewusst nutzen wollen - gerade im Kontext des Coachings - haben wir mehrere Möglichkeiten. Im NLP wenden wir die Techniken des Pacing[18] (ggf. auch Cross-Pacing[19]) und Leading[20] an, um den sog. Rapport[21] aufzubauen. Dabei passen wir uns - bewusst oder unbewusst - unserem Gegenüber an: sprachlich, körpersprachlich und ggf. auch bezogen auf Atmung, Herzschlag und Energie-Level. Im weiteren Verlauf gilt es, den Rapport zu halten und zu erneuern.

Im positiven Bereich ist das Resonanzprinzip toll. Doch es kann auch anstrengend werden: Menschen, die sich von unserem Energie-Level mitziehen lassen, in unserem Windschatten mitsegeln wollen, rauben uns Kraft, die wir für uns selbst benötigten. Diese Energieräuber gilt es zu identifizieren und sich ihrer ggf. zu entledigen.

---

[18] Pacing = mitgehen, sein Gegenüber spiegeln (Semantik, Körpersprache)

[19] Cross-Pacing = geht tiefer und subtiler vor, spiegelt ggf. nur die Atmung oder einzelne Gesten

[20] Reading = führen, z.B. durch (Suggestiv-)Fragen

[21] Rapport = Vertrauensbasis / positive Beziehungsebene

Denn auch das gehört zum Resonanzprinzip: wenn wir durch unsere zu gutmütige Einstellung signalisieren, dass es bei uns etwas zu holen gibt, dann werden auch immer welche da sein, um es sich zu nehmen. Wenn wir aber klare Abgrenzungen durch unsere innere Haltung, Worte *und* dazu kongruente Taten setzen, werden sich Energieräuber von uns fern halten.

Wenn wir das Resonanzprinzip für uns nutzen wollen, müssen wir zunächst mit uns selbst ins Reine kommen, uns selbst annehmen als das, was wir sind, und mit all dem, was uns geprägt hat. In der psychotherapeutischen Ausbildung spricht man in diesem Zusammenhang auch von der *Eigenklärung*.

Diese ist auch für Coaches mehr als nur wichtig - es ist m.E. existenziell: erst eine erfolgreiche Eigenklärung versetzt uns in die Lage, *professionelle Distanz* wahren zu können. Die Auffrischung der Eigenklärung heißt Supervision, und ist Bestandteil des professionellen Verhaltenskodex als Coach bzw. Therapeut.

Das Resonanzprinzip bewirkt nämlich auch, dass, wenn der Therapeut/ Coach etwas hört, das er selbst schon erlebt aber nicht verarbeitet hat, er selbst so sehr damit in Resonanz geht, dass da plötzlich zwei Klienten sitzen - und das Coach-Klient-Verhältnis unterlaufen wird. Das ist das Ende jeder produktiven Sitzung - und meistens auch das Ende des Vertrauensverhältnisses zwischen Coach und Klient.

Doch die Eigenklärung ist auch für alle Nicht-Coaches und Nicht-Therapeuten wichtig, insbesondere wenn sie in Leitungs-/Führungspositionen arbeiten oder sonstige Verantwortung für andere Menschen übernommen haben: sie ist die Basis dafür, dass wir ein gesundes Selbst.Bewusst.Sein. entwickeln - im Sinne dessen, dass wir unseres eigenen Selbst bewusst werden, uns annehmen und wertschätzen.

"Wenn wir uns schon selbst ablehnen -
wie soll dann da draußen bitte uns irgend jemand mögen wollen?!?"

Im weiteren Sinne beschreibt das Resonanzprinzip also die Theorie, dass im Universum nichts ohne Folgen (Echo, Resonanz) bleibt, und somit immer auch Konsequenz(en) für den Sender zeitigt. Vor allem ist das Resonanzprinzip leidenschaftslos und macht keinen Unterschied. Auch wenn es uns manchmal anders vorkommen mag: anders als wir Menschen, kennt das Universum keine unmittelbaren zeitlichen Zusammenhänge... wer sich mit systemischer Therapie beschäftigt hat, weiß was gemeint ist. Der neuzeitliche Volksmund formuliert es kurz und prägnant als "Karma is a bitch".

Wir sollten das Resonanzprinzip (RP) aber keinesfalls mit der "sich selbst erfüllenden Prophezeiung" (Self-fullfilling Prophecy, SFP) verwechseln.

Am folgenden Beispiel wird der feine Unterschied deutlich:

> RP: Du magst Dich selbst nicht, sendest negative Energie aus, und verunmöglichst es so anderen, Dich zu mögen - die negative Energie kehrt zu Dir zurück. -

> SFP: "Niemand mag mich!" - Du setzt Deinen negativen Glaubenssatz als *Fakt* bei anderen voraus, so wird dieser - zunächst in Deiner persönlichen Wahrnehmung und später auch objektiv - zur Realität

Das Ergebnis mag täuschend ähnlich anmuten, ist aber keineswegs das Selbe: es ist ein erheblicher qualitativer Unterschied.

Das Gefährliche am Resonanzprinzip ist, dass es in alle Richtungen wirkt, und zwar unabhängig von der Intention. Unbedacht hingeworfene Aussagen können im Empfänger durchaus Wirkungen auslösen, die so keineswegs beabsichtigt waren.

Beispiel: Teenager-Tochter fragt ihren Vater am Frühstückstisch: "Papa, meinst Du ich bin zu dick?" - Vater antwortet, um sie zu necken: "Wie kommst Du denn da drauf, mein *Moppelchen*?"

In einer normal-stabilen Vater-Tochter-Beziehung ist das kein Problem, alle lachen, und das Thema ist durch. Nur ist die Pubertät keine Zeit, in der ein verantwortungsbewusster Vater es sich leisten kann, unachtsam auf vermeintliche körperliche Defizite einer sich ihrer Körperwahrnehmung offenbar unsicheren Tochter zu re-agieren - mehr noch, gar Witzchen auf ihre Kosten zu machen.

Wenn sich bei der Tochter dann eine Essstörung entwickelt, muss schon vieles mehr im Argen liegen... der Spruch am Frühstückstisch wird kaum die alleinige Ursache sein, aber sicherlich ein Mosaikstein im Gesamtbild und könnte zum berühmten Tropfen als Auslöser werden.

Selbstverständlich funktioniert das Resonanzprinzip auch im Positiven, und viel öfter als wir es im Alltag wahrnehmen - sei es durch ein Lächeln in der U-Bahn, das uns jemand erwidert, sei es durch ein gelungenes Gespräch, in das wir mit der inneren Haltung hinein gegangen sind, dass es erfolgreich werden würde: das alles haben wir selbst in uns.

Abschließend halten wir fest, dass wir alle das Resonanzprinzip selbst steuern können: indem wir unsere Gedanken, Worte und Handlungen auf ein Fundament aus *Selbst.Wert.Schätzung.* und dazugehöriger, wertschätzender Semantik stellen.

5 Spannungsmanagement

Wenden wir uns zunächst den **Entspannungstechniken** zu. Sie sind ebenfalls ein wesentlicher Bestandteil der BurnOut-Prävention. Wir erinnern uns: das Verlaufsmodell nach Straesser verdeutlicht, dass der Mensch aus der Überforderung in den BurnOut kippt, weil ihm dauerhaft die Möglichkeit versperrt ist, das energetische Level der Entspannung zu erreichen.

Wenn wir uns diesen Sachverhalt bewusst machen, und das Thema Entspannung bewusst angehen, werden wir schnell feststellen, dass auch Entspannung und Erholung ein gepflegtes Maß an Selbstdisziplin erfordern. Es ist ein Akt der *Selbst.Wert.Schätzung.*, wenn wir uns bewusst dafür entscheiden, das Getrieben-Sein zu stoppen, quasi das Hamsterrad zu verlassen. Auch wenn es von innen noch so verführerisch und uns wie eine Karriereleiter erscheint.

Was braucht es dafür? Nun, zunächst ist es Mut. Mut, über den eigenen Schatten zu springen, sich gegen das Diktat der Masse aufzulehnen, und z.B. das Mobiltelefon auf Flugmodus zu stellen. Prioritäten zu setzen, die auch mal dem Mainstream zuwider laufen. "Nur tote Fische schwimmen *immer* mit dem Strom", heißt es so treffend. Ich darf hinzufügen: "... und nur dumme schwimmen mitten in der Schifffahrtsrinne". Widerstand gegen den Mainstream ist Okay, aber bitte mit Hausverstand und Augenmaß!

Was braucht es noch dafür? Vor allem *Selbst.Bewusst.Sein.* Tatsächlich gehört das zu den sog. "Gratis-Talenten"[22], die jeder Mensch auf seinen Weg mitbekommen hat. Der eine etwas mehr, der andere vielleicht etwas weniger davon, aber wir alle haben es. Ob und wie viel wir davon in unsere heutige

---

[22] Gratis-Talente sind angeboren. Dazu zählen auch: Achtsamkeit, Wertschätzung Lebenswille, Resilienz, die natürliche Hemmung Artgenossen zu töten u.v.m.

Lebenswirklichkeit "retten" konnten, hängt sehr viel von der Familie ab in die wir hineingeboren wurden, von den Umständen unserer Sozialisation, und davon ab, wie wir mit dem Erlebten im zeitlichen Verlauf umgegangen sind.

Doch das Erlebte nimmt uns die "Gratis-Talente" niemals ganz weg, denn diese sind an die Persönlichkeit gebunden, sind persönlichkeitsimmanent. Das "böse Leben" oder "schlimme Kindheit" als Ausrede für Fehlverhalten im Erwachsenenalter fällt also, bis auf wenige Ausnahmen[23], weg. Ja, die Umstände im Laufe unseres Lebens können bewirken, dass das eine oder andere Gratis-Talent mehr oder weniger verschüttet wurde - doch es ist immer noch existent, wenn auch im Verborgenen. Es ist an uns, es wieder zu entdecken, es ans Tageslicht zu befördern, und unser Leben damit wieder zu bereichern.

Eine der wichtigsten Funktionen unseres Körpers zur Lebenserhaltung ist die **Atmung**. Deren Steuerung ist im sog. sympathischen[24] Teil unseres vegetativen Nervensystems verankert. Das bedeutet, dass wir die meiste Zeit unwillkürlich atmen - aber auch willkürlich atmen können, wenn wir es denn wollen. - Und genau hier wird es spannend: wir können beim Tauchen die Luft anhalten (Apnoe), wir können durch schnellere Atmung Herz, Muskeln und Gehirn auf eine vorübergehend höhere Leistung bringen, oder durch bewusst langsame Atmung den Grad unserer emotionalen Erregung nach unten steuern.

Den vielen Fachbüchern zu Atemtechniken werde ich kaum etwas hinzufügen können - daher empfehle ich, sich dort Anregungen zu holen. Wirklich wichtig ist aber, dass wir das ganze Volumen unserer Lunge zur

---

[23] Ausnahmen: schwere Kindheitstraumata durch Krieg, Folter, sexuellen Missbrauch, dauerhaft wiederkehrende körperliche und seelische Misshandlungen etc. Diese Ausnahmen können beim Betroffenen Veränderungen der Persönlichkeit von Krankheitswert bewirken, die ggf. erst im Erwachsenenalter diagnostiziert werden *dürfen* (z.B. Soziopathie).

[24] Sympathikus und Parasympathikus bilden, zusammen mit dem enterischen System, die wesentlichen Bestandteile des vegetativen Nervensystems. Dieses steuert alle Organfunktionen, die wir nicht oder nur bedingt willentlich steuern können.

Atmung nutzen, mit der sog. "Zwerchfell-Atmung" tief in den Bauch hinein atmen, und dabei auch die Muskulatur zwischen den Rippen zur Vergrößerung des Brustkorb-Volumens nutzen. Wenn wir das erreichen wollen, müssen wir uns auf die Atmung konzentrieren, blenden alles andere automatisch aus - und damit ist schon das Wesentliche erreicht: gute Versorgung mit Sauerstoff, Entsorgung der über die Lunge auszuscheidenden, gasförmigen Abfallstoffe unseres Stoffwechsels, und das Fokussieren auf das Hier und Jetzt. Im Anschluss kann unser Hirn, jetzt gut mit frischem Sauerstoff versorgt, die Lösung/Erledigung der anstehenden Aufgaben konzentriert in Angriff nehmen.

Das Thema Entspannung durch Atemtechniken kann durch die Verwendung diverser Hilfsmittel erweitert werden. Ein solches Hilfsmittel ist der sog. "Stressball". Manchmal sind wir so sehr im Gedankenkarussell gefangen, dass es uns unmöglich erscheint die Gedanken zu stoppen, um uns auf eine beruhigende Atmung zu konzentrieren. Dann hilft ein solcher Ball, der einfach nur in der Faust zusammengedrückt wird. Je nach Größe der eigenen Hand kann das ein handelsüblicher Tennisball oder Squashball sein - etwas, das sich mit etwas Kraftaufwand auch drücken läßt. Ein Golfball ist also eher ungeeignet. Die körperliche Anstrengung hilft uns, die Gedanken aus dem Karussell zu holen, es ist eine einfache Ablenkungstechnik. Sollten wir einen Ball mit Noppen oder weichen Stacheln verwenden, bringt der leichte Schmerz zusätzliche Ablenkung und hilft dabei das Gedankenkarussell zu verlassen, ohne dass gleich eine Verletzungsgefahr drohte.

Die **Klangschale** bringt zur Atmung ein weiteres Element: die Schwingung. Diese ist als Ton zu hören, aber auch als Vibration zu spüren. Jeder Mensch reagiert anders auf die Schwingungen - und damit auf die Höhe des Tons, und die Intensität der Schwingungen. Hinzu kommt, dass hochwertige Klangschalen aus einer Legierung verschiedener Metalle bestehen. Je nach Zusammensetzung der Legierung, also dem individuellen Anteil an Messing, Kupfer, Silber und Gold, wird sich die Reaktion des Menschen anders ausgestalten.

Generell lässt sich aber sagen, dass tiefe Töne mit intensiver Vibration auf die meisten Menschen eher beruhigend und entspannend wirken - hohe Töne dagegen eher belebend und aktivierend. Um die passende Schale für sich selbst zu finden, sollte die Schale auf die offene Handfläche gestellt werden, um sie dann einmal kräftig anzuschlagen. Wir spüren sofort, ob wir uns damit wohl fühlen. Es gibt auch Schalen, die so groß sind, dass wir uns hinein stellen können. Die Vibrationsaufnahme erfolgt da über die Fußsohlen. Je höher wir die Schwingungen steigen spüren, um so weniger Blockaden haben wir.

Bei einer **Klangschalen-Massage** kommen zwei weitere Faktoren hinzu: wir liegen entspannt auf einer Liege, und die Klangschalen werden auf die Chakren aufgelegt bzw. über diese gehalten, um dort angeschlagen zu werden. Chakren sind Energiezentren des Körpers, in denen sich Blockaden fangen können. Die Schwingungen der Klangschalen lösen diese Blockaden auf und tragen zur Entspannung auf der körperlichen wie energetischen Ebene bei, indem sie das Qi, nach der asiatischen Lehre die Lebensenergie, wieder ungehindert fließen lassen.

Das sog. **Power-Napping** wirkt v.a. auf der körperlichen Ebene und beschreibt die Technik des selbst induzierten Minutenschlafs. Dabei schlummern wir nur sachte ein, und kehren in den Wachzustand zurück, bevor wir die erste Tiefschlaf-Phase erreichen. Dazu empfehle ich, sich bequem auf einen Stuhl zu setzen, und einen Schlüsselbund in die lose herabhängende Hand zu nehmen. Nähern wir uns der ersten Tiefschlaf-Phase, entspannt sich die Hand, öffnet sich, und der Schlüssel fällt zu Boden. Durch das Klappern des Metalls auf dem Boden (kein Teppich, nur Fliesen, Stein oder Parkett), erwachen wir wieder, und sind erfrischt für die nächsten 2-3 Stunden. Das zu frühe oder zu späte Erwachen kann jedoch das Gegenteil bewirken: dann sind wir meist erschöpfter als zuvor - der altbekannte Trick mit dem Wecker nach z.B. 15 Minuten ist also eher eine schlechte Idee: das Timing kann klappen, muss es aber keineswegs, weil wir alle eine situativ-individuelle Zeitspanne für das Power-Napping brauchen.

Das Thema (Selbst-)**Hypnose** ist für die meisten Menschen tendenziell schwierig, sie verbinden damit Kontrollverlust und Fremdsteuerung. Das liegt insbesondere daran, dass sie Hypnose nur als *Show*-Hypnose kennen. Um es in aller Deutlichkeit zu sagen: Show-Hypnose ist Scharlatanerie, unseriös und hat nichts mit der therapeutischen Hypnose zu tun! Bei der Show-Hypnose geht es darum, dass ein "Unterhaltungskünstler" - wie ein Wolf aus der Schafherde - aus dem Publikum leicht suggestible Menschen als seine Opfer heraussucht, um sie auf der Bühne unter Hypnose *scheinbar*(!) Handlungen gegen ihren Willen verrichten zu lassen (z.B. das "menschliche Brett", die Imitation von Tieren, vertauschte Geschmackssinne etc.).

Tatsächlich ist es aber unmöglich, persönlichkeitsfremde Suggestionen zu verankern. Wer keine Veranlagung hat, Menschen zu töten, der wird auch unter Hypnose niemals einen anderen Menschen töten. Wer keine suizidalen Absichten hat, wird auch unter Hypnose keinen Suizid begehen. Und wer keinen verborgenen Wunsch hatte, einmal im Leben im Rampenlicht zu stehen, um gackernd über eine Bühne zu hüpfen, wird das auch unter Hypnose niemals tun. "Jedem seine 15 Minuten Berühmtheit!" - dafür brauchen heute die Wenigsten einen Show-Hypnotiseur... dafür reicht heute schon ein Smartphone und eine App. Mein Ausbilder zum Hypno-Therapeuten sagte: "Show-Hypnose betreiben Menschen, deren Finger zu langsam sind für Tischzauberei". Dem ist nichts hinzuzufügen.

Doch was ist "Hypnose" wirklich? Es ist der Zustand des Übergangs zwischen Schlaf- und Wachphase. Wir alle erleben es täglich kurz vor dem Erwachen bzw. dem Einschlafen. Manche nennen es auch einen Trance-Zustand, abgeleitet aus dem Lateinischen "transcendere"[25]. Es handelt sich also um einen völlig natürlichen Zustand. Hypno-Therapeuten können diesen Zustand - mit Einverständnis ihres Klienten - herbeiführen, halten, und den Klienten in verschiedene Tiefen der Trance führen. Sie haben in diesem Zustand den direkten Zugriff auf das Unbewusste ihres Klienten, um vorhandene

---

[25] = lat., hinübertreten, überschreiten

Wünsche so sehr zu verstärken, dass der Klient diese - entweder noch in der Hypnose oder später im Wach-Zustand - in die Tat umsetzt. Praktische Beispiele der Anwendung sind die Unterstützung beim Abnehmen und die Entwöhnung vom Zigaretten-Rauchen.

Bei der Selbsthypnose führen wir diesen Zustand selbst herbei und können ihn auch aus eigenem Willen verlassen. Die Selbsthypnose ist meist nur eine leichte Hypnose, und dient der Entspannung. Sie ist auch unter den Begriffen Yoga, Meditation, Mentalreise, Autogenes Training und einigen anderen Namen bekannt und in Anwenderkreisen hoch geschätzt.

Da im Trance-Zustand auch das Schmerzempfinden reduziert ist, setze ich es - als geübter Anwender - auch während Behandlungen beim Zahnarzt ein. Mancher Zahnarzt hat sogar bereits einen angestellten Hypnotiseur, als Alternative zur Lokalanästhesie, oder für Kinder, die Angst vor dem Zahnarzt haben. Andere nutzen es um ihre Flugangst bei Start und Landung zu überwinden, als Abschottung vor der Reizüberflutung in öffentlichen Verkehrsmitteln, oder als Überbrückung der Wartezeit bei Behörden. Auch Spezialkräfte, insbesondere Einzelkämpfer, KSK/SEALS, Scharfschützen und Personen- und Schleierfahnder nutzen diese Techniken, um Leerlaufphasen zu überbrücken.

6 Ernährung

Im nun folgenden Kapitel geht es um die Ernährung. Wir kennen alle das Sprichwort:

"Du bist, was Du isst!"

So lapidar dieser Satz tönt, so genau trifft er aber auch zu: die Art, Menge und Beschaffenheit der Stoffe, die wir in unseren Körper hinein lassen, prägen unser Leben, und zwar in vielfacher Weise. Dieser letzte Satz hat es in sich, daher möchte ich ihn einmal semantisch analysieren:

- die Art, Menge und Beschaffenheit der Stoffe

    - Art: da geht es um das Was, also *welche* Stoffe - Lebensmittel, Genussmittel, Gifte, Drogen, etc., aber auch um den richtigen Mix der zugeführten Stoffe, Stichwort typgerechte Ernährung.

    - Menge: da geht es um das rechte Maß - 4-6x Fast Food im Jahr mag vertretbar sein, 3x täglich eher nein. Weniger plakativ, geht es auch um die Frage der richtigen Zubereitung der Lebensmittel. Natürlich können wir uns zwar vom Grundsatz her richtig - also tipgerecht - ernähren, aber die falschen Mengen - zu große/kleine Portionen, zu häufige/wenige Mahlzeiten - führen dennoch zu einer Fehlernährung.

- Beschaffenheit: da geht es um die Verarbeitung - habe ich frische Erdbeeren in frischen Joghurt aus dem Bio-(Hof)Laden gerührt, oder einen industriell hergestellten Erdbeer-Joghurt, der die frische Erdbeere nicht einmal von fern gesehen hat?

- die wir in unseren Körper hinein lassen

    - wenn wir davon ausgehen, dass wir Menschen Geisteswesen sind, die eine körperliche Erfahrung machen, ist der irdische Körper für diese Zeit Wohnstatt unserer Seele. Das mag für den einen oder anderen sehr esoterisch anmuten, doch bei genauerem Hinsehen verkünden alle Weltreligionen exakt diese Theorie.

    - wir haben in diesem Leben nur diesen einen Körper - dennoch gehen die meisten Menschen damit um, als hätten sie in der Garage noch 20-fachen Ersatz herumliegen.

    - Wie kann es denn sein, dass wir so viele Umweltgifte und völlig wertlose Stoffe in uns hinein stopfen - und uns dann wundern, dass wir an etwas erkranken, das unter dem Stichwort "Zivilisationskrankheiten" zusammengefasst wird? Der Begriff ist ja schon semantisch ein Widerspruch in sich! Zivilisation ist definiert als ein Territorium, in dem Menschen sich so entwickelt haben, dass sie bewusst pfleglich und nachhaltig mit sich selbst, miteinander und ihrer Umwelt umgehen. Wie soll solches Verhalten Krankheiten hervorrufen? - Nun, die angeblich *zivilisierte* Menschheit beweist täglich das Gegenteil.

- prägen unser Leben, und zwar in vielfacher Weise

    - hier geht es um die mannigfachen und dauerhaften Folgen falscher Ernährung.

Doch was ist "richtige" bzw. "falsche" Ernährung? Zunächst einmal sollten wir herausfinden, welcher Ernährungs- oder, präziser: **Verwertungstyp** wir sind. Sich selbst aus einer Ideologie heraus zum Veganer zu erklären, kann ggf. für den Körper existenzielle Folgen haben. Wir unterscheiden zwischen Carnetarier, Flexitarier und Vegetarier. Auf Extremformen wie Veganismus oder Rohkost einzugehen, würde hier zu weit führen, ich werde darauf also nur am Rande eingehen.

Carnetarier[26] sind Menschen, die einen hohen Fleischkonsum benötigen. Getreide, Gemüse und Obst - zumal als Rohkost - können ggf. zu Blähungen und Durchfall führen. Vegetarier verzichten bewusst auf den Fleischverzehr, wenn aber tierische Produkte (z.B. Gelatine) in einer Speise enthalten sind, ist das für sie kein Drama. Das unterscheidet sie von Veganern, die neben dem kategorischen Ausschluss des Verzehrs tierischer Lebensmittel auch keine Kleidung aus tierischen Produkten (z.B. Wolle, Leder) anziehen. Flexitarier hingegen brauchen eine ausgewogene Ernährung, und genießen dabei auch bewusst 1-3x pro Woche Fleischprodukte in geringen Mengen.

Dieses Kapitel hat zwar die Ernährung als Überschrift - diese ist aber untrennbar verbunden mit dem Komplex **Achtsamkeit.** - Also der Frage wie wir mit uns selbst, und - in der Konsequenz - mit diesem temporären Körper umgehen.

Die wenigsten Menschen machen sich wirklich bewusst, wie sie sich ernähren. Es liegt mir fern, meine Leser mit der Dechiffrierung der Ernährungspyramide zu langweilen. Diese ist hinlänglich bekannt, und wer sie nicht kennt, dem seien auch an dieser Stelle die entsprechenden Fachbücher der Kollegen empfohlen. Dennoch ist es mir wichtig, einige Aspekte unserer Ernährung einmal aus einer vielleicht ungewohnten Perspektive zu beleuchten.

---

[26] vom lat. carne = Fleisch

Gestatten Sie mir ein Wort vorneweg: die nachfolgenden Seiten habe ich bewusst provokant und an der einen oder anderen Stelle überspitzt formuliert: ich möchte Sie damit aufrütteln und zum Nachdenken bewegen. Wer sich also hier oder da "ertappt" fühlt: das ist nur ein Zeichen dafür, dass er sich mit seinem Verhalten schon vorher unwohl gefühlt hat. Das soll aber keineswegs als Anklage verstanden werden, und auch keine Schuldgefühle auslösen - nein: verstehen Sie es bitte als Ihre Chance für Veränderung!

Fangen wir beim Fleischkonsum an: in der Antike war der Verzehr von Schweinefleisch in den damaligen Hochkulturen verpönt - insbesondere aus Ermangelung geeigneter Möglichkeiten zur Kühlung, da es bei den im Orient und Mittelmeerraum vorherrschenden Temperaturen dazu neigt besonders schnell zu verderben. Dazu hat der Geruch im Übermaß Ungeziefer und Aasfresser angelockt. Wie so oft, hatte man damals Hygienevorschriften gern in einen religiösen Mantel (z.B. das Buch Leviticus) verpackt - war es doch die einzige Form der gesicherten Überlieferung erworbenen Wissens an die nachfolgende Generation.

Heute weiß man aber auch, dass die genetische Übereinstimmung zur menschlichen DNS bei 98% liegt - sodaß heutige Mediziner angefangen haben, menschliche Organe an und in Schweinen zu züchten, um sie dann in Menschen zu verpflanzen. Da stellt sich eine provokante Frage wie von selbst: "Ist der Verzehr von Schweinefleisch durch den Menschen eine Art... Kannibalismus?" - Folgefrage: "Welchen Profit hätte die Umwelt, wenn Schweinemastbetriebe mangels Nachfrage schließen würden?" - Gerne lade ich Sie dazu ein, einmal mit dem Lesen inne zu halten, um sich eine eigene Haltung dazu zu entwickeln.

Bleiben wir beim Fleischkonsum: müssen wir wirklich *jeden* Tag (Schweine-) Fleisch essen - noch dazu in diesen Mengen? Benötigt unser Körper das wirklich, um am Leben zu bleiben? Diese Frage ist - aus Sicht der Ernährungsphysiologen - klar mit einem Nein zu beantworten. Im Gegenteil: insbesondere übermäßiger Konsum von Schweinefleisch - sei es als Wurstwaren, sei es als Braten - hat negative Folgen für unseren Körper: Bluthochdruck,

Arterienverkalkung, Übergewicht und Gicht sind nur einige mögliche Auswirkungen, die die Medizin als Folgen und Spätfolgen damit in Verbindung bringt.

Doch es hat auch eine weitere, eine ethische Seite: damit wir Menschen Fleisch essen können, muss ein Lebewesen sterben. Wenn es schon eigens dafür gezüchtet wird, um uns mit seinem Fleisch zu ernähren - ist es denn nicht unsere Pflicht und Verantwortung, v.a. aber auch unser ureigenstes Interesse, dass es artgerecht lebt, dass es artgerecht gefüttert wird, und dass es stressfrei stirbt? Welches Interesse können wir daran haben, in der Massentierhaltung gefolterte Kreaturen zu verzehren?!?

An dieser Stelle ist es mir auch ein Anliegen darauf hinzuweisen, dass ein Tier keineswegs nur sog. "Edelstücke" hat. Wenn wir ein Tier schon töten, um es zu essen, dann haben wir auch die Verpflichtung, *alle* Teile zu verwenden - nicht nur das Filet oder den Schinken. Was früher mehr eine wirtschaftliche Notwendigkeit war, ist heute auch ein ethischer Grundsatz: "Nose To Tail"[27].

Lassen Sie mich dazu folgendes klar stellen: ich selbst esse sehr gerne Fleisch. Nur achte ich darauf, dass es zertifiziertes Bio-Fleisch ist, aus artgerechter Haltung und aus der Region kommt. Ist die Portion dadurch teurer? Natürlich. Doch rechnen wir einmal nach: wer täglich für 3 Euro Fleisch und Wurst konsumiert, gibt im Monat 90 Euro nur für Fleisch aus - zzgl. durchschnittlich 20% Verderb, macht das rund 110 Euro. Halten den bewussten Konsum dagegen, kommen wir im Monat nicht einmal auf die Hälfte. Trotz der wesentlich höheren Preise für regionales Biofleisch.

Das Märchen, man könne sich kein Bio leisten, weil es doch viel zu teuer sei, ist hiermit widerlegt. Wer auf Bio-Fleisch umsteigt, ändert nämlich in der

---

[27] Die "Nose To Tail"-Bewegung besteht überwiegend aus Köchen und Metzgern, und verfolgt den Ansatz, das ganze Tier - von der Nase bis zum Schwanz, daher der Name - zu verwenden. Dabei werden durchaus kreative Ansätze verfolgt oder auch historische Rezepturen wieder zum Leben erweckt und an die Moderne angepasst.

überwiegenden Mehrheit auch sein Konsumverhalten. Positiver Nebeneffekt: weniger Tiere erzeugen auch weniger klimaschädliches Methan, produzieren weniger Gülle, das Nitrate ins Grundwasser bringt, und brauchen weniger Futtermittel, die ebenfalls erst in umweltbelastenden Monokulturen produziert werden müssen, für die erst z.B. brasilianischer Amazonas-Primärwald brandgerodet wurde. Mit all den bekannten negativen Folgen für das Weltklima.

Was aber ist von sog. "Fleischersatzprodukten" zu halten? Braucht es das überhaupt? Wenn jemand, angeblich bewusst, auf Fleisch verzichten will - warum will er dann einen "Ersatz"? Mir erscheint dieser "Verzicht" wie die Forderung "Wasch mich, aber wehe Du machst mich dabei nass!". Doch betrachten wir einmal, woraus diese "Veggie"-Würste etc. hergestellt werden: Hauptbestandteil ist Soja, für dessen Anbau erst Primärwald brandgerodet werden musste (s.o.), oder der äußerst umweltbelastend in riesigen Monokulturen (USA) angebaut wird. Das nehmen wir als Mehl und Schrot.

Davon ausgehend, dass Soja über Jahrtausende einmal nicht in Asien für den menschlichen Verzehr verwendet wurde, sondern ausschließlich als Tierfutter, ist die Frage, was es heute in der menschlichen Ernährung zu suchen hat. Selbst als Tofu tauchte es erst im Jahr 965 als Soja-Zubereitung auf. Erschwerend kommt hinzu, dass es kaum noch Sorten im Markt gibt, deren Saatgut von den Saatgut-Monopolisten genetisch unverändert belassen wurde.

Um einen "Veggie-Burger"-Patty herzustellen, braucht es, neben Soja in den unterschiedlichen Zubereitungen, jede Menge künstlicher Zusatzstoffe, Bindemittel, Emulgatoren und Aromen, um auch nur annähernd die Textur und den Geschmack eines Patties oder eines Brät aus Fleisch zu erreichen.

Das Thema Soja leitet uns zum nächsten Punkt über: Obst- und Ackerbau. Was schon beim Soja anklang, gilt natürlich für alle Feldfrüchte. Die Saatguthersteller haben sich nach und nach das Monopol für die DNS vieler Feldfrüchte gesichert. Das fing einmal klein durch Züchtungen und Kreuzungen bei den Kartoffelsorten an, setzte sich dann aber weitgehend unbemerkt

unbemerkt bei Soja und Mais als Genmanipulation durch, und aktuell sind Getreide- und Obstsorten (insbesondere Weizen und Äpfel) im Visier.

Da die meisten Saatguthersteller auch gleichzeitig Düngemittel und Pflanzenschutzstoffe herstellen, liegt der Verdacht nahe, dass sie - um es diplomatisch zu formulieren - "die gesamte Wertschöpfungskette nutzen" wollen. Im Grundsatz wäre das ein ökonomisch sinnvoller Ansatz - ginge es nicht um die *Lebens*mittel der Menschheit. Sie verändern Pflanzen so, dass sie möglichst viel Ertrag bringen - das aber nur dann, wenn sie mit dem passenden Düngern versorgt und durch die passenden Pestizide / Insektizide / Fungizide geschützt werden. Alles aus einer Hand, wie schön für den Landwirt... könnte man meinen. Dass aber die Rückstände der verwendeten Chemikalien die Menschen erkranken lassen, wird als "tolerierbarer Kollateralschaden" industriellen Handelns abgetan, denn es "sichert" ja die Ernährung einer stetig wachsenden Weltbevölkerung. Ob das wirklich ESG[28]- oder gar SDG[29]-konform ist?

Doch auch hier haben wir als Verbraucher Möglichkeiten, uns durch bewussten Konsum zu wehren: durch den bewussten Einkauf frischer Produkte, die wir selbst zubereiten. Leider sind die Grundkenntnisse der Lebensmittelverarbeitung bei vielen verloren gegangen: kaum jemand ist heute noch in der Lage, sich vor oder während des Einkaufs im Geiste einen Plan zurecht zu legen, was er in den nächsten Tagen kochen möchte - geschweige denn selbst einen Fond anzusetzen... Selbst für einen einfachen Nudelauflauf benötigen viele ein "Fix"-Pulver.

Das nächste Paradoxon: während Koch-Shows und -Wettbewerbe im TV boomen und die Küchenhersteller melden, dass sie in Küchen immer

---

[28] ESG - Environmental, Social, Governance; Kriterien für nachhaltiges Investieren, spiegeln sich in den SDG-Kriterien wieder.

[29] SDG - Sustainable Development Goals; 17 Kriterien der Nachhaltigkeit, definiert als politische Ziele der UN (Vereinten Nationen)

aufwändigere technische Geräte z.T. in Profi-Qualität verbauen, steigen die Mengen an weggeworfenen Lebensmitteln ständig an.

Kaum jemand hat mehr eine Ahnung, wie sich Lebensmittel in der Lagerung verändern, wie man Grundprodukte und Zubereitungen durch Weiterverarbeitung in neue Gerichte verwandeln kann. Aber dafür können viele - dank "intelligenter" Geräte, "SmartHome" und 5G - am Arbeitsplatz dem Inhalt ihres Kühlschrankes zu Hause beim Schimmeln online zuschauen... ist das nicht bizarr?

Interessant ist, dass viele Menschen in kaufmännischen Berufen arbeiten, in denen ein planvoller Einkauf und strukturiertes Handeln zum täglichen Handeln gehört - wenn es aber um die persönlichen *Lebens*mittel geht, ist plötzlich alles vergessen. Welche **Selbst.Wert.Schätzung.** tritt da zu Tage?

Abschließend noch ein Satz zu den vielfachen Klagen über hohe Preise für Bio-Lebensmittel. Auch dazu kann ich nur feststellen: wer planvoll einkauft, und Produkte rechtzeitig weiterverarbeitet statt sie wegzuwerfen, spart erhebliche Summen ein, obwohl er bessere, also qualitativ höherwertige und gesündere Ausgangsprodukte einkauft. Ältere kennen vielleicht noch den Satz: "Billig können wir uns nicht leisten." - er trifft auch auf unsere Ernährung zu.

Kommen wir zum Thema **Getränke**. Am Anfang steht das Trinkwasser. Darüber hinaus werden wir uns Fruchtsäfte, deren Derivate, Limonaden und sog. Smoothies anschauen.

Wasser ist - der chemischen Signatur nach - H_2O. Nur treffen wir es in der Natur niemals in dieser reinen Form an: dafür müssten wir es vorher durch einen Umkehr-Osmose-Filter lassen bzw. destillieren. Chemisch reines, oder auch destilliertes Wasser ist aber für den Körper unverträglich: Wasser bindet alles an sich, was es finden kann, bis es gesättigt ist.

Dabei macht das Wasser keinen Unterschied, ob es Stoffe an sich bindet, die der Körper benötigt, oder jene, die unser Körper loswerden möchte - zum Ausleiten der giftigen Abfall- und Nebenprodukte unseres Stoffwechsels und der wasserlöslichen, unverdaulichen Stoffe. Doch das funktioniert nur begrenzt, denn: natürlich vorkommendes Wasser führt immer Stoffe mit sich, die es aus dem Gestein gelöst hat, das es vorher durchsickert hat.

Einen Teil davon braucht unser Körper auch. Doch das Wasser löst auch Schadstoffe aus dem Boden, die der Mensch im Rahmen der extensiven Landwirtschaft in den Boden eingebracht hat, und nimmt sie mit ins Grundwasser: Nitrate, Phosphate, Dünge-/Pflanzenschutzmittel u.v.m. Wenn wir Wasser aufnehmen, das bereits mit Schadstoffen belastet ist, kann es keine Schadstoffe mehr aus dem Körper aufnehmen und abtransportieren. Bildhaft gesprochen: wenn der Bus voll ist, kann niemand mehr zusteigen. Dann bleiben die Gifte im Körper zurück, und reichern sich an bis sie uns krank machen.

Sicher, Trinkwasser ist das am schärfsten kontrollierte Lebensmittel in der Bundesrepublik Deutschland. Doch schon innerhalb der EU kann die Versorgung mit hygienisch einwandfreiem Trinkwasser schwierig werden. Dafür braucht man nicht einmal in die rumänischen Karpaten, das hat man ggf. schon in Süditalien - und das ist die zweitstärkste Volkswirtschaft in der EU.

Wenn wir auf andere, nicht-alkoholische Getränke schauen, haben wir Getränke auf Fruchtsaft-Basis, Limonaden und sog. Smoothies. Erstere reichen von reinen Säften, also den durch Zerkleinern der Frucht und Auspressen bzw. Zentrifugieren des Fruchtbreies gewonnen Saft, in immer weiterer Verdünnung mit Wasser. Phantasienamen wie "Nektar" sollen dann eine Wertigkeit eines Produktes vorgaukeln, das aber überwiegend aus Wasser, Zucker, Zitronensäure und "natürlichen Aromen", sowie Farbstoffen besteht. Wird dieses Gebräu noch mit Kohlensäure versetzt, nennen es die Produzenten "Schorle". Limonaden bestehen meist aus Wasser, Zucker, künstlichen Aromen und Farbstoffen, und sind meist ebenfalls mit Kohlensäure versetzt. Aus gutem Grund werden die

Rezepturen wie ein Staatsgeheimnis gehütet: wüssten die Verbraucher, was wirklich drin ist, würde es wohl kaum jemand kaufen.

Eine besondere Form des Saftes ist der Wein. Dafür vergären Hefen den größten Teil des im Saft enthaltenen Zuckers zu Alkohol und CO_2. Weltweit am meisten bekannt und beliebt ist der Wein aus Traubenmost, in Frankreich und England ist auch der Wein aus Äpfeln sehr beliebt. Während dieser dort mit Kohlensäure als Perlwein (Cidre/Cider) produziert wird, kennt man im hessischen Rhein-Main-Gebiet den "Äbblwoi" als Stillwein. Wein aus Beeren und sonstigen Früchten fristen dagegen eher ein Schattendasein, da sie nur in Notzeiten hergestellt wurden. In unseren Tagen des Überflusses ist diese Spezialität nur noch wenigen Menschen bekannt.

Der Begriff "Smoothies"[30] kommt aus dem Englischen und weist auf die Textur des Getränkes hin. Diese wird erreicht durch das Pürieren von Früchten und Gemüse, wobei neben dem eigentlichen Fruchtfleisch oft auch die Blätter und Stengel verwendet werden. Smoothies werden für besonders gesund gehalten, insbesondere wenn es sich um grüne Smoothies handelt. Leider muss ich an dieser Stelle mit dem Märchen aufräumen, dass das *generell* "gesund" sei:

Ja, aus den richtigen Ausgangsprodukten zusammengemischt, enthalten Smoothies Vitamine, Mineralien, Ballaststoffe und Anti-Oxidantien. Letztere benötigt unser Körper zur Bindung und Entsorgung sog. freier Radikalen[31]. Doch wie schon Paracelsus sagte:

"Alles ist Gift. Die Dosis macht's".

---

[30] smooth: engl. für sämig, samtig, geschmeidig

[31] freie Radikale sind ein Abbauprodukt des Stoffwechsles, v.a. aus gesättigten Fettsäuren, bestehend aus hochreaktiven Sauerstoffmolekülen, was zum oxidativen Stress der Körperzellen führt. Dieser wiederum begünstigt den Verfalls- und Alterungsprozess.

Was unserer Gesundheit an sich zuträglich wäre, ist im Übermaß schädlich. Konkretes Beispiel: essen wir Orangen, werden wir eine, vielleicht zwei auf einmal, also in einer Mahlzeit, essen. Vom Orangen*saft* trinken viele einen halben Liter in einem Zug - das entspricht 4-6 Orangen.

Für unseren Körper bedeutet das einen wahrhaftigen Tsunami an Fruchtzucker, Zitronensäure, und weiteren Stoffen, mit dem er erst einmal fertig werden muss. Das ist Stress für den Körper - und das Gegenteil von dem, was beabsichtigt war. Ein Smoothie ist durch die Vielzahl der verwendeten Früchte ein noch viel dichteres Konzentrat an Inhaltsstoffen, der Tsunami bzw. Stress nochmals um ein Vielfaches höher. Viele glauben, dass sie damit sich und ihrem Körper etwas Gutes tun - doch das Gegenteil von "gut" ist auch hier leider nur "gut gemeint".

Hinzu kommt, dass viel Inhaltsstoffe durch Oxidation[32] verloren gehen. Wer also glaubt, dass er am Morgen den Smoothie pürierten könne, um das offene Glas über den Tag verteilt zu sich zu nehmen, dem sei gesagt, dass schon am Mittag nur noch der Fruchtzucker und die Säure drin sein wird. Trinken wir diese Smoothies dann auch noch zusätzlich zu den regulären Mahlzeiten, dürfen wir uns keinesfalls wundern, wenn Körpergewicht und Körperfett zunehmen.

Einen Punkt möchte ich - obwohl auch dieser ein wichtiger Baustein in unserer Ernährung sein sollte - nur am Rande erwähnen: den Säure-Basen-Haushalt, am Beispiel der Gicht als möglicher Folge einer Säure-Basen-Dys-Balance wegen übermäßigen Verzehrs von Schweinefleisch. Hauptursache einer Gicht-Erkrankung ist die übermäßige Produktion von Harnsäure, die nicht mehr abgebaut, und in den Gelenken abgelagert wird. Diesen Komplex vertieft zu behandeln würde den Rahmen dieses Buches sprengen, es gibt aber auch ausführliche Literatur dazu.

---

[32] Reaktion mit dem in der Umgebungsluft enthaltenen Sauerstoff

Lassen Sie uns aber erfreut feststellen, dass das Zubereiten frischer Speisen und Getränke in der heimischen Küche ein erster positiver Schritt ist - zumindest dann, wenn wir das Kochen nicht als Last, sondern als Lebenslust auffassen. Mehr noch: wenn wir Lebensmittel in einer Umgebung, in der wir uns wohl und sicher fühlen, bewusst und mit Freude zu tollen Speisen zubereiten, um sie mit der Familie und/oder Freunden zu genießen, dann ist das auch ein Akt der Wertschätzung - sich selbst und den Tischgenossen gegenüber.

Machen wir uns bewusst: die Energie - sei sie positiv oder negativ - mit der wir uns ans Kochen machen, wird sich in der Verwertbarkeit der Speisen für unseren Körper widerspiegeln. Eine Mutter, die völlig gestresst in der Küche ihren Kindern irgend etwas zusammenklatscht, nur damit überhaupt etwas auf dem Tisch steht, braucht sich keinesfalls zu wundern, wenn diese später über Bauchschmerzen klagen. Schade um die Arbeit, schade um die Energie, schade um die Produkte, schade um die Lebenszeit... und vor allem: was für ein sinnloser Tod des Tieres, das als Fleischlieferant sein Leben *dafür* gelassen hat!

Daher empfehle ich, dass wir uns bewusst machen, dass es sich um *Lebens*mittel handelt, die wir verarbeiten. Jeden Tag. Nehmen wir uns also - trotz oder gerade - wegen all der Hektik des hinter uns liegenden Tages eine kurze Atempause, in der wir zur Ruhe kommen, um dann mit der nötigen **Selbst.Wert.Schätzung.** und mit der richtigen Haltung diese zuzubereiten - und zu verzehren. Jeden einzelnen Tag, und sehr bewusst.

In unserer heutigen Welt der unmittelbar verfügbaren Informationen grassieren zum Thema Ernährung die kuriosesten Thesen - so auch zu **Allergien und Unverträglichkeiten**. Lassen Sie uns zunächst unterscheiden zwischen echten, eingebildeten und modischen Unverträglichkeiten. Trennscharf davon abzugrenzen sind die Allergien.

Fangen wir mit letzteren an: wir sprechen von einer Allergie, korrekt ist es aber vielmehr eine *allergische Reaktion* auf einen oder mehrere Stoffe (Allergene). Diese Reaktion kann sich vielfältig manifestieren: vom einfachen Niesen oder Augenjucken/-tränen als Reaktion auf Pollen (Heuschnupfen), über allergisches Asthma (z.B. auf Hausstaubmilben oder Pilzsporen), bis hin zu einem anaphylaktischen Schock (z.B. auf Wespengift, Nüsse, Tomaten etc.).

Allergische Reaktionen können jederzeit und unvermittelt auftreten, und sind immer potenziell lebensbedrohlich, weil durch das Zuschwellen des Gaumens die Luftzufuhr zur Lunge versperrt werden kann. Das Jucken am Gaumen ist die Vorstufe dazu. Hinzu kommt, dass sich niemand darauf verlassen kann, dass das bisherige Ausbleiben einer allergischen Reaktion auf ein Allergen auch lebenslange Toleranz bedeutet. Wenn jemand also z.B. auf Haselnüsse 37 Jahre lang keine allergische Reaktion gezeigt hat, bedeutet das keineswegs, dass das für den Rest seines Lebens so bleiben muss.

Bei **Unverträglichkeiten** verhält es sich so, dass der Körper einen Stoff nicht verstoffwechseln kann, und ihn halb-verdaut oder unverdaut wieder ausscheidet. Dabei kann es zu Abstoßungsreaktionen kommen wie Blähungen, dünnen oder wässrigen Stuhlgang, der manchmal explosionsartig abgeht. Schmerzen im Unterbauch können ebenfalls auftreten, begleitend oder scheinbar für sich: weil sich der Verdauungsprozess oft über viele Stunden hinziehen kann, wird der Zusammenhang selten unmittelbar ersichtlich. Unverträglichkeiten sind jedoch deutlich von Allergien abzugrenzen: sie sind keinesfalls akut lebensbedrohlich, sie stellen v.a. eine Einschränkung der Lebensqualität ein, dessen Ausmaß jeder Betroffene anders empfindet.

Die bekanntesten Unverträglichkeiten sind Laktose- und Gluten-Intoleranzen. Bei Gluten muss man noch weiter in die Tiefe gehen: hier gibt es Intoleranzen gegenüber verschieden Getreidesorten (in der Mehrzahl auf Weizenarten), des weiteren unterscheidet man zwischen echten und nicht-echten Zöliakieformen. Auch hierüber gibt es bereits genügend ausgezeichnete Fachbücher, es wäre wenig sinnstiftend, würde ich diesen als Nicht-

Ernährungswissenschaftler etwas hinzufügen zu wollen. Wer selbst betroffen ist oder als Coach betroffene Klienten begleitet, möge sich bitte da informieren.

Meine vielleicht etwas provokante Unterteilung in echte, modische und eingebildete Unverträglichkeiten ist insofern richtig, weil sich aus der einen schnell die andere entwickeln kann. Nehmen wir die Laktose-Intoleranz: viele junge Frauen weichen auf Soja-"Milch" oder laktosefreie Milch aus, weil es in ihrer Clique gerade "hip" ist. Weil sie aber vorgeben wollen, diese Entscheidung keineswegs als gruppendynamischen Erwägungen getroffen zu haben (modische Unverträglichkeit), erzählen sie, mit inbrünstiger Überzeugung, Laktose-intolerant zu *sein*. Nach einer Zeit ohne Milchzufuhr reagiert der Körper in der Folge zunächst z.B. mit (schmerzhaften) Blähungen - das ist die eingebildete Unverträglichkeit. Langfristig reagiert das enterische Nervensystem darauf, indem es tatsächlich keine Laktose mehr im Darm verarbeiten läßt, wird tatsächlich Laktose-intolerant.

Vielleicht ist es hilfreich, sich in Erinnerung zu rufen, dass "Milch" die Muttermilch zur Ersternährung von Kälbern ist, und von der Natur gar nicht für den menschlichen Verzehr bestimmt war? Richtig, als Kinder trinken wir alle große Mengen Milch, v.a. wegen des enthaltenen Calciums für den Knochenbau. Warum treten da keine Intoleranz-Reaktionen auf? Nun, sie können schon auftreten, z.B. in Form von Neurodermitis, Durchfall etc. Das ist aber eher selten, weil Menschen-Mütter ja ebenfalls Muttermilch produzieren, um ihren Nachwuchs säugen/stillen zu können. Daher können Menschenkinder Laktose verarbeiten - auch tierischer Herkunft. Doch ab der Pubertät produziert der Körper immer weniger Enzyme, die die Laktose aufspalten können. Manche scheiden dann die Laktose einfach wieder aus, manche reagieren mit einer Unverträglichkeit.

Eine weitere Form der Unverträglichkeit ist eine verheimlichte, die von Lebensmittelindustrie und Politik totgeschwiegen wird. In fast allen im Handel erhältlichen Zubereitungen ist mittlerweile der Füllstoff Palmfett enthalten. Der menschliche Körper ist außer Stande, dieses Fett zu verstoffwechseln. Das

Gefährliche daran ist, dass der Körper sich mit der Zeit daran gewöhnt: während Menschen, die sich überwiegend von frischen, selbst zubereiteten Lebensmitteln ernähren, es zum Großteil als weichen, fettigen Stuhl wieder ausscheiden (erkennbar daran, dass es im Tiefspül-Klosett schwimmt statt abzusinken), verändert sich bei Menschen mit häufigem Palmfett-Konsum die Darmflora dahingehend, dass dieses Fett die Darm-Barriere überwinden und sich anschließend im Gewebe (als Bauchfett oder in Form von Lipomen) einlagern kann. Die Folge ist Fettleibigkeit, die auch weder durch Sport noch durch Fasten wieder abgebaut werden kann. Das englische Sprichwort "For a moment on the lips, forever on the hips."[33] spricht Bände.

Um diesen billigen Füllstoff zu gewinnen, werden in Südost-Asien (v.a. in Indonesien und Malaysia) Primärwälder gerodet, mit allen bekannten, fatalen Folgen für das globale Klima und die Biodiversität. In der Zutatenliste wird Palmfett auch gerne als "Pflanzenfett" bezeichnet, und findet überall da Verwendung, wo Produktionskosten möglichst verdeckt reduziert werden sollen: also in Eiscreme, Brotaufstrichen, Wurstwaren, Müsliriegeln, Fertigmahlzeiten (Convenience) und den meisten Fertig- wie Halbfertig-Produkten, sowie in Tiefkühlwaren und Fast-Food. Selbst vor dem Bio-Sortiment macht es keinen Halt, insbesondere häufig finden wir es dort in Brotaufstrichen.

Im letzten Absatz habe ich das Wort "Convenience" erwähnt, im Zusammenhang mit Fertigmahlzeiten. "Convenience" ist aus dem Englischen, und bedeutet "Bequemlichkeit". Warum ist das so wichtig, dass ich diesem Thema einen eigenen Absatz widme? - Weil "Convenience" für Privathaushalte, sieht man mal von Tiefkühlkost und "Fix"-Pulvern und Tütensuppen ab, eher eine Randerscheinung ist.

Für die professionelle Anwendung gibt es jedoch ganze Sparte in der Lebensmittelindustrie, die diese Convenience-Produkte für die sog. "Gemeinschaftsverpflegung" produziert. Vom Kindergarten über die

---

[33] Übers.: "Einen Moment auf den Lippen, für immer auf den Hüften."

Schulverpflegung, über Betriebsrestaurants zu Seniorenheimen, in vielen Restaurants im Massentourismus bzw. in Hotels mit hohen Tagungskapazitäten - also überall, wo es schnell und einfach gehen muss, und wo gute Fachkräfte fehlen - finden wir diese Halbfertigprodukte. Aus unternehmerischer Sicht haben sie drei Vorteile: der Wareneinsatz je Portion ist leicht kalkulierbar, und jede ungelernte Kraft kann auf das "Regenerieren" der meist tiefgekühlten Produkte binnen Minuten geschult werden. Zusammen ergibt es den dritten Vorteil: die Kosten.

Aktuelle Langzeitstudien an renommierten Universitäten auf der ganzen Welt deuten darauf hin, dass es einen kausalen Zusammenhang zwischen der Ernährung und dem Erhalt der kognitiven Fähigkeiten sowie der Vitalität der neuronalen Vernetzungen in unserem Gehirn gibt: während frisch zubereitete Speisen aus frischem Gemüse, hochwertigen pflanzlichen Ölen und tierischen Proteinen die Gesundheit des Menschen am längsten erhalten, schränken der dauerhafte Konsum industriell verarbeiteter Speisen mit künstlichen Zusätzen und Füllstoffen die Leistungsfähigkeit des Gehirns signifikant ein. Es gibt auch erste Hinweise, dass der anhaltende Mangel an frisch zubereiteten Speisen aus frischen Zutaten das gehäufte Auftreten degenerativer Erkrankungen fördert, während der Zusammenhang mit Diabetes Typ II und anderen Erkrankungen bereits nachgewiesen werden konnte.

Bewusste Ernährung - also eine bewusste Auswahl frischer Zutaten, der Zubereitungsart, der Häufigkeit er Zufuhr und der Mengen - ist unsere persönliche Entscheidung darüber, welche Wertschätzung wir uns selbst, den Menschen, die uns anvertraut wurden, und unserer Umwelt entgegenbringen.

Das Streben nach Profit ist das, was unseren Wirtschaftskreislauf am Leben hält. Als jemand, der hauptberuflich Hochvermögende und ihre Unternehmungen begleitet, bin ich der Erste, der das unterstreicht und dieses Prinzip gutheißt. - Doch keineswegs uneingeschränkt! Damit wir uns richtig verstehen: dass die romantische Vorstellung kleinbäuerlicher Strukturen ineffizient und zur Ernährung der Menschenmassen dieses Planeten ungeeignet ist, sollte uns klar sein. Doch gibt es einen gesunden Mittelweg, fernab der Gier einer Agrar-Industrie, die Pflanzen, Boden und Lebewesen nur als Kostenstellen und Einkommensquellen definiert. Diese Gier schadet den Menschen, der Natur, und zerstört am Ende neben der Basis eines gesunden Wirtschaftskreislaufs auch die Lebensgrundlage des Menschen selbst. Denn das ist das andere Ende der Skala: Profitmaximierung um jeden Preis - auch zu Lasten des Gemeinwohls.

Mein Leben lang schon stehe ich für "anständig(e) Profite machen" - also für das rechte Maß an Profit, der mit Anstand erwirtschaftet werden kann. Meine ungarischen Vorfahren hatten ein 800 Hektar umfassendes Gut, auf dem das einfache Wirtschaftsprinzip "Jut is, marad is!" galt. Die sinngemäße Übersetzung lautet: "Es ist reichlich für alle da, und es bleibt auch für die Zukunft so viel übrig, dass es für alle reichen wird." Sehr simpel, nachhaltig, vorausschauend und richtungsweisend für unsere Zeit. Hätten wir das in den letzten 100 Jahren befolgt, müsste heute nicht die "Fridays-for-Future"-Bewegung flagellierend durch die Straßen ziehen.

Man mag mich dafür verspotten, dass ich in der heutigen VUKA[34]-Welt das Prinzip des "ehrbaren Kaufmanns" hochhalte - daran habe ich mich gewöhnt, schon lange bevor es den Begriff "VUKA" gab. Doch am Ende jeden einzelnen Tages kann ich mir selbst mit ruhigem Gewissen im Spiegel in die Augen schauen.

Warum? Weil es mir wichtig ist, dass die Menschen, die mit uns gemeinsam und für eine Wertschöpfung heben, mit Anstand behandelt werden. Bei der Lebensmittelproduktion ist da schon vor langer Zeit einiges aus dem Ruder gelaufen, und die nachfolgenden Generationen werden den Preis dafür bezahlen. Mit Anstand und nachhaltigem Wirtschaften unserer Generation hat das häufig wenig bis gar nichts mehr zu tun.

---

[34] Das Akronym "VUKA" beschreibt eine Welt aus Volatilität, Unsicherheit, Komplexität und Ambiguität (Mehrdeutigkeit).

Was hat das mit *Selbst.Wert.Schätzung.* zu tun? Alles. Wer außer Stande ist, sich im Spiegel in die Augen zu sehen, hat den Respekt vor sich selbst verloren, schaut im Spiegel einem Fremden in die Augen. Das wiederum ist Abbild eines ungesunden Spannungsverhältnisses zwischen unseren eigenen Ansprüchen an uns selbst und unserer Lebenswirklichkeit - auch solche Spannungen begünstigen den Verlauf und die Entwicklung eines BurnOut.

Schauen wir uns das Thema "Nutri-Score" an. Das passt - wie ich finde - sehr gut zum vorangegangenen Abschnitt. Mit diesem Label soll dem Verbraucher Transparenz vorgegaukelt werden: je niedriger der Nutri-Score, desto höher die Nährwertqualität des Produktes. In der Theorie. Tatsächlich wird dem Verbraucher etwas gezeigt, das so im Realitäts-Check keinen Bestand hat. Nehmen wir das Beispiel Palmfett: als unverdaulicher Füllstoff wird es zu den "gesunden Ballaststoffen" gezählt und senkt so den Nutri-Score. Und wenn Pommes Frites ein grünes "A" erhalten, ist das nichts als blanker Hohn!

Bleiben wir also besser bei dem, was wir den "gesunden Hausverstand" nennen, lassen den ganzen Ampel-Unfug und andere unbotmäßige Manipulationen der Verbraucher beiseite! Das meiste von dem, was wir als Fertigprodukte in den Supermarkt-Regalen kaufen sollen, können wir entweder mit geringem Aufwand selbst zu Hause aus frischen Lebensmitteln zubereiten, oder sie sind schlichtweg überflüssig.

Um das Thema Ernährung abzurunden, noch ein Blick auf die Diskussion, wie Gesundheit "messbar" gemacht werden kann bzw. soll. Im Wesentlichen gibt es zwei Messverfahren: das eine ist der "Body-Mass-Index" (BMI), das andere ist die "Weight-to-Height-Ratio" (WtHR).

Für das Errechnen des BMI wird das Körpergewicht in kg durch die Körperhöhe in m zum Quadrat geteilt. Beispiel: 45-jähriger Mann, 1,90 Meter groß, Taillenumfang 90 cm, 90 kg schwer, austrainiert. BMI-Berechnung: 90 : $1{,}9^2$ = 24,9. Der Normwert für den BMI liegt im Bereich 18,5 - 25, das Lebensalter des Probanden spielt ebensowenig eine Rolle wie der Trainingszustand. Unser Muskelprotz und Sportler liegt also - gemäß der BMI-Tabelle - bedenklich an der Grenze zur "Fettleibigkeit". Dieses System hat also durchaus seine Grenzen.

Nehmen wir das geringfügig aufwändigere Verfahren der WtHR, das an der Ludwig-Maximilians-Universität München (LMU) ausgearbeitet wurde: um diesen Wert zu errechnen, wird der Taillenumfang in cm (hier sammelt sich bei Übergewicht das ungesunde Körperfett zuerst) durch die Körperhöhe in cm geteilt. Bei der Auswertung spielt jedoch das Lebensalter eine wesentliche Rolle, weil sich die Normwerte in Relation zum Alter verschieben:

>   bis 40 Jahre: < 0,5;
>   40-50 Jahre: 0,5 - 0,6 (pro Jahr +0,01) und
>   ab 50 Jahre: > 0,6 (pro Jahr +0,01).

Hier ist der Wert unseres Bespiel-Probanden bei 0,47 (90 : 190), was ein hervorragender Wert ist - sein Normwert wäre bei 0,55. Dieses Verfahren mag auch nicht in allen Belangen perfekt sein, aber es spiegelt die Realität deutlich besser wieder.

Um dieses lange und intensive Kapitel Ernährung, mit all seinen Facetten wirken zu lassen, lade ich Sie dazu ein, eine Pause im Buch einzulegen, um sich Gedanken zu Ihrer persönlichen Situation zu machen: was machen Sie im Bezug auf Ihre persönliche Ernährung schon richtig gut, wo entdecken Sie Entwicklungspotenzial?

Wie gehen Sie mit sich selbst - Ihrem Körper und Ihrer Seele - um, und was muten Sie sich alles zu? Schreiben Sie sich Ihre Gedanken auf, und leiten Sie sich daraus Handlungsempfehlungen und Meilensteine für sich selbst ab.

Und, bitte: machen Sie, bevor Sie etwas davon in die Tat umsetzen, den Social-Check! Wie werden sich die Veränderungen auf Ihre Lebenssituation und Ihr soziales Umfeld auswirken?

Für Ihre Notizen:

7 Drogen und BurnOut

Ursprünglich wollte ich das Thema **Drogen** als letzten Abschnitt des vorangegangenen Kapitels nur kurz ansprechen. Es wurde ein eigenes Kapitel, weil es im Umfeld von BurnOut ein sehr häufig verleugnetes Thema ist. Warum? Weil die Selbsttäuschung, sich mit dem Konsum verschiedenster Drogen aus dem Leidensdruck einer dauerhaften Überlastungsphase befreien zu können, sehr verlockend ist. Und weil diese Selbsttäuschung fast immer in der Katastrophe endet.

Doch was sind "Drogen" überhaupt? Das Wort "Droge" wird in Wörterbüchern einheitlich erklärt als "tierischer, mineralischer oder pflanzlicher Roh- bzw. Wirkstoff, als Basis für Arzneimittel, Stimulanzien und Gewürze". Mit Sucht, Abhängigkeit und Elend hatte es also zunächst keinerlei Bewandnis.

Das Wort ist auch Ursprung unseres Begriffs "Drogerie", und der dort noch in den 1950er-Jahren ausgebildete "Drogist" war ein hoch angesehener Natur-Chemiker und Botaniker, dessen Kenntnisse die eines Apothekers oft weit übertrafen. Heute ist in der Bundesrepublik Deutschland die Abgabe solcher Wirkstoffe den Apotheken vorbehalten, doch in Österreich und der Schweiz der Beruf des Drogisten noch heute ein anerkannter Lehrberuf, der in der Pharmaindustrie gute Karrierechancen bietet Insbesondere im Fachbereich der Phytopharmaka (pflanzenbasierte Medikamente) werden Spezialisten gesucht, die alte Heilpflanzen wieder-entdecken.

Im ursprünglichen Sinn ist das Wort "Droge" also absolut neutral konnotiert. Der heutige Sprachgebrauch assoziiert damit jedoch überwiegend Substanzen, deren Konsum für den Menschen auf Dauer schädlich ist, und/oder eine Sucht/Abhängigkeit hervorruft, und die nur illegal aus dem kriminellen Milieu zu erwerben sind.

Tatsächlich ist die Realität noch viel bigotter als es auf den ersten Blick erscheint: wir unterscheiden zwischen gesellschaftlich toleriertem bzw. geächtetem Drogenkonsum, und dem Drogenkonsum, der - je nach gesellschaftlichem Status - in diesen Schichten jeweils als Genuss bzw. als Fauxpas/Fehlverhalten wahrgenommen wird. Zudem haben Drogen eine juristische Komponente: Während "weiche" Drogen wie Alkohol und Nikotin legal erhältlich sind und der Staat fleißig daran verdient (Branntwein-, Bier-, Wein-, Sekt und Zigaretten-Steuer), sind "harte" Drogen wie Kokain, Heroin etc. strafrechtlich sanktioniert.

Grundsätzlich ist festzuhalten, dass Drogen von vielen Konsumenten als "kleine Flucht" aus ihrer aktuellen Lebens- und Gefühlswelt eingesetzt werden. Tatsächlich ist es aber so, dass Drogen zwar eine zunächst berauschende Wirkung haben mögen, dann aber die vor dem Konsum vorherrschenden Gefühle verstärken.

Im Umfeld der BurnOut-Prävention begegnen wir viel zu häufig allen Arten psychogener Substanzen, seien sie legal oder illegal. Die Betroffenen versuchen mit "Hilfe" dieser Drogen ihre Leistungsfähigkeit - präziser: ihr Aktivitätsniveau - hoch zu halten, obwohl Körper, Geist und Seele schon längst "Mayday" signalisieren. Wie einführend erwähnt, mag das auch für einen kurzen Zeitraum *scheinbar* klappen. Doch der nachfolgende Absturz wird um so heftiger, die Dauer der Rekonvaleszenz länger.

Zu den einzelnen Arten:

- Alkoholkonsum wird toleriert, solange der Konsument weder körperliche noch kognitive Ausfallserscheinungen, oder gar Zeichen der Abhängigkeit zeigt. Der maßvolle Genuss von Top-Weinen und Edelbränden gilt als Luxus und Lifestyle.

    Wenn der übermäßige Konsum jedoch zu Fehlverhalten und Leistungsausfällen führt, ist der feine gesellschaftliche Grat schnell überschritten, und der "Übeltäter" fällt plötzlich in eine tiefe gesellschaftliche Ungnade. Tatsächlich erscheint die gesellschaftliche Rehabilitation nach einem Steuervergehen einfacher zu sein als nach dem Eingeständnis einer Alkoholsucht.

Manche Alkoholarten werden aber auch als Reinigungs- und Desinfektionsmittel z.B. in der Hygiene eingesetzt, oder als Frostschutzmittel verwendet. Darüber hinaus kann es auch als Trägersubstanz für die kosmetische Industrie (Parfum), oder auch als Treibstoff in Verbrennungsmotoren Verwendung finden.

Durch alkoholische Mazeration können wir Wirkstoffe und Aromen aus (Heil-)Pflanzen herauslösen. Diese Lösung wird dann als Basis für Medizin, aber auch für die Herstellung alkoholischer Getränke (Gin, Kräuterliköre etc.) genutzt. Dafür werden meist Kräuter und/oder Beeren in Alkohol bzw. in ein Alkohol-Wasser-Gemisch eingelegt. Das Ergebnis heißt "Wasser", erweitert um den Namen des die Aromen abgebenden Ausgangsstoffs: also z.B. Kirsch*wasser*. Wird das nochmals destilliert, spricht man vom "Kirsch*geist*".

Alkohol erzeugt eine körperliche und psychische Abhängigkeit. Ein sog. "kalter" Entzug, also das abrupte Absetzten des Drogen-Nachschubs, ist potenziell lebensbedrohlich und darf zum Schutz des Süchtigen nur unter ärztlicher/klinischer Aufsicht erfolgen!

- Nikotin ist eines der wirksamsten Neurotoxine der Natur, mit der sich die Tabakpflanze selbst gegen Fraßschädlinge zur wehr setzt.

Der Konsum diverser Tabakprodukte, von Cigarren und Pfeifen, über Schnupftabak bis hin zu Zigaretten, wurde in Europa über fast 300 Jahre hinweg gesellschaftlich toleriert, regelrecht zelebriert.

Aktuell gilt es als unschicklich, zumal für Damen, Zigarette zu rauchen. Mehr noch, die Gesellschaft hat sich entschlossen, v.a. die Zigarette zu ächten, und den Rauch aus dem öffentlichen Raum auszuschließen. Im Grundsatz ist das zu begrüßen, denn im Zigarettentabak sind sehr viele Zusatzstoffe enthalten, die viel schädlicher sind als der Tabakrauch selbst. Auch die Gefahren des Passivrauchens und die Gefährdung von Ungeborenen durch das Rauchen in der Schwangerschaft sind hinreichend nachgewiesen.

Bei Cigarren, die nur aus purem Tabak bestehen, und nur zum Genuss geraucht werden, würde es sich zwar anders verhalten - dennoch wird hier gesellschaftlich keinerlei Unterschied gemacht. Zum Schutz der Mitarbeiter darf nicht einmal in exklusiven Cigarren-Lounges Service durchgeführt werden - nicht einmal, wenn der privat rauchende Mitarbeiter das selbst wollte.

Entgegen anders lautender Volksmeinung erzeugt Nikotin keine echte körperliche Abhängigkeit, das Rauchen ist vielmehr eine "schlechte Gewohnheit". Dem Verlangen nach mehr Zigaretten nachzugeben ist also eher Ausdruck des Bedürfnisses die Finger zu beschäftigen, ein Ritual der Selbst-Beruhigung im Umgang mit überschießenden Emotionen oder ein Defizit an Impulskontrolle. Diese Angewohnheit abzulegen und die Abstinenz beizubehalten bedarf einer hohen Willenskraft. Die Entwöhnung kann ohne ärztlicher/klinischer Begleitung erfolgen, Hypnose kann eine begleitende Hilfe sein.

- THC (Tetrahydrocannabiol) ist der Wirkstoff der weiblichen Cannabis-Pflanze, einer Hanf-Art, deren unterschiedliche Teile unterschiedlich starke Konzentrationen an THC aufweisen. Je nachdem, welcher Teil der Pflanze verarbeitet wurde, heißt das Produkt Haschisch (aus dem eingedickten Pflanzensaft) oder Marihuana (die getrocknete Blüte samt

Nektar) oder Gras (fein geschnittene junge, blütennahe Blätter).

Im Gegensatz dazu hat der Nutzhanf, eine über Jahrtausende für die Herstellung von Kleidung, Zugseilen, Segeltuch und Säcken hoch geschätzte Pflanze, einen kaum nennenswerten THC-Gehalt.

Der übermäßige THC-Konsum über einen längeren Zeithorizont kann - gerade bei Jugendlichen - Psychosen und Paranoia auslösen. Die Entwöhnung kann, obwohl in der Fachliteratur eine körperliche Abhängigkeit stets verneint wird, dennoch mit körperlichen Entzugserscheinungen einhergehen. Die ärztliche Begleitung des Entzugs ist daher dringend angeraten.

- Kokain wird aus den Blättern des Koka-Strauchs gewonnen, und erzeugt eine körperliche wie psychische Abhängigkeit. Schon die zur Herstellung zum Einsatz kommenden Chemikalien sind für den Menschen hoch gesundheitsschädigend. Kein Wunder, dass es bei Dauerkonsumenten die Nasenscheidewand wegätzt. Ursprünglich haben indigene Benutzer in den Anden die Blätter direkt vom Strauch gezupft und gekaut, um dadurch ihre Leistungsfähigkeit in der dünnen Luft zu steigern, und die Symptome der Höhenkrankheit zu lindern. Auch eine aphrodisierende Wirkung wird kolportiert.

Lange Zeit galt Kokain als Droge der "Reichen und Schönen". In jüngster Zeit wurde der europäische Markt damit förmlich überschwemmt, was den Preisverfall - und damit auch die "Demokratisierung" - des Kokains mit sich brachte.

- Heroin wird aus dem Saft der Fruchtkapsel des Schlafmohns gewonnen, dem sog. Roh-Opium. In den Hochzeiten des British

Empire wurde dieser Stoff in sog. "Opiumhöhlen" von Männern geraucht, währen die Damen der "besseren" Gesellschaft dessen wässrige Lösung namens "Laudanum" benutzt haben, um dem Elend ihrer Ehen zu entfliehen.

Rohopium war lange auch Ausgangsstoff für viele Schmerzmittel. Heute werden dafür überwiegend synthetische Opioide verwendet, deren Missbrauch weite Teile der USA in die Tablettensucht getrieben und großen gesellschaftlichen und volkswirtschaftlichen Schaden verursacht hat.

Heroin erzeugt, je nach Beimischungen, relativ schnell einen hohen Grad an Abhängigkeit beim Konsumenten, und der meist unbekannte Streckungsgrad der Straßenware könnte aus jedem einzelnen Konsum eine tödliche Überdosis machen. Der chemische Labor-Ersatzstoff heißt Methadon, damit soll eine schleichende Entwöhnung unter ärztlicher Aufsicht ermöglicht werden. Die körperliche Abhängigkeit verunmöglicht ein abruptes Absetzen ohne ärztliche Aufsicht völlig.

- Chemische Drogen und Tablettensucht: unter diesem Punkt ist alles zusammengefasst, von Extasy, Hybrid-Drogen, bis hin zu Crystal Meth, von Diazepam über Antidepressiva bis Ritalin. Bei den synthetischen Opiaten gibt es eine signifikante Überschneidung zum Heroin (s.o.).

Menschen nehmen chemische Drogen zur Leistungssteigerung, für höhere Risikobereitschaft, als Aufputschmittel, zum Herunterkommen, oft auch durcheinander oder erst das eine und dann das andere, meistens ist auch Alkohol dabei (polytoxer Konsum). Das euphemistische, die tatsächliche Gefahr verharmlosende Wort der "Party-Drogen" macht in diesem Zusammenhang ebenfalls die Runde.

In diese Kategorie gehören - wenn auch als "light-Variante", sog. "Energy-Drinks". Sie erfüllen den selben Zweck wie Aufputschmittel, insbesondere wenn sie in kurzer Zeit in großen Mengen konsumiert werden. Das niedliche "light" darf keinesfalls über die Gefahren hinwegtäuschen.

Die klassische Tablettensucht stellt sich meist schleichend ein, während andere chemische Drogen schon durch den einmaligen Konsum eine schwere körperliche Abhängigkeit auslösen können. Auch hier: Entwöhnung nur unter ärztlicher Aufsicht, besser noch, unter klinischen Bedingungen.

- Impulsives Spielen (vulgo: Spielsucht) ist tatsächlich keine Sucht im klinischen Sinne, sondern aus psychiatrischer Sicht eine Störung der Impulskontrolle. Obwohl Symptome, Auswirkungen und begleitende Erscheinungen einer schweren Drogensucht gleichen, ist der Betroffene auf keine körperfremden Stoffe angewiesen - seine Rauschmittel sind körpereigene Hormone (Adrenalin, Endorphin), die sein Körper auf Grund seines hochriskanten Verhaltens ausschüttet.

  Spielsucht ist heute keineswegs auf die klassischen Casino-Spiele oder Automaten begrenzt: auch die Online-Spielsucht ist bekannt und dokumentiert, und auch im Kontext eines BurnOut alles andere als unbekannt. Das Phänomen "eSport" wäre hier gesondert zu betrachten.

Für alle Abhängigkeiten gilt, dass sie niemals nur den Süchtigen selbst betreffen. Kinder, Lebenspartner und sonstige Angehörige müssen als potentielle Co-Süchtige betrachtet werden. Sucht ist häufig schambehaftet und geht meist mit gesellschaftlicher Ächtung einher. Vor allem Eltern und Lebenspartner der Süchtigen betrachten die Sucht des Angehörigen häufig als ihr eigenes, persönliches Versagen. Sie schämen sich dafür, und versuchen mit allen Mitteln, deren Sucht zu decken bzw. vor der Öffentlichkeit verborgen zu halten. Wie der Süchtige selbst, benötigen auch sie professionelle Begleitung und Resozialisierung.

Das Thema Drogen ist für Coaches wie für Betroffene gleichermaßen schwierig, und das keinesfalls nur im Umfeld einer BurnOut-Prävention: einerseits wissen es die Betroffen selbst, dass sie ein Suchtproblem haben und schämen sich - ja, mache hassen sich sogar regelrecht dafür. Andererseits ist es für den Coach sehr heikel, dieses Thema angemessen anzusprechen, weil es das Vertrauensverhältnis massiv belasten kann. Daher muss es mit der richtigen Tonalität und dem richtigen Timing adressiert werden.

8   *Selbst.Wert.Schätzung.* als innere Haltung

Das nun folgende Kapitel wird die Themen Zeitmanagement, Gelassenheit und das Bei-Sich-Sein bzw. das In-Sich-Ruhen näher behandeln. Dabei werden wir auch das Thema Menschenführung streifen, weil es untrennbar damit verbunden ist.

Auch hier gilt: zu allen diesen Themen gibt es bereits genügend Fachbücher. Sie vermitteln aber nur die Techniken (z.B. des Zeitmanagements oder der Führung). Was den meisten fehlt, ist die dafür notwendige **innere Haltung**. Also schauen wir uns das Thema - auch hier - aus einer etwas anderen Perspektive an:

Voraussetzung für ein gelungenes Zeitmanagement ist meiner festen Überzeugung nach die *Selbst.Wert.Schätzung.* als innere Haltung. Nur wenn wir unseres eigenen Selbst bewusst sind und uns wertschätzen, entwickeln wir die nötige Gelassenheit, um in uns selbst zu ruhen - das alles ist not-wendig für ein gelungenes Zeitmanagement. Anders formuliert: für eine gelungene Selbst-Führung. Und hier ist der Bogen zur Führung anderer:

Wer sich selbst nicht führen kann, wie will der bitte andere Menschen führen wollen und können?

Keineswegs zum ersten Mal in diesem Buch, kehren wir zurück zur Frage: "Wie gehst Du mit Dir selbst um?" - oder, etwas unbequemer formuliert:

> "Wie ist Deine innere Haltung zu Dir selbst ?"
> "Hast Du (wirklich) eine ?"
> "Ist sie denn auch positiv und wertschätzend ?"

Bedenken wir die Tatsache, dass uns - auch in diesem Leben - nur eine sehr begrenzte und uns in Dauer unbekannte Zeitspanne zur Verfügung steht, resultieren daraus weitere Fragen:

"Was fängst Du mit dieser Lebenszeit an?"
"Welchen Personen widmest Du sie?"
"Für welche Aufgaben setzt Du sie ein?"
"Welches Selbstbild hast Du von Dir?"
"Wie wichtig ist Dir das Bild, das sich andere von Dir machen?

Wir selbst - und nur wir alleine - entscheiden aus unserem Selbst.Bewusst.Sein. heraus, MIT WEM, WARUM und WIE VIEL unserer Lebenszeit wir verbringen wollen.

Der US-amerikanische Investor Warren Buffet sagte einmal:

"Der Unterschied zwischen
erfolgreichen und sehr erfolgreichen Menschen
ist die Häufigkeit, mit der sie NEIN sagen."

Das bezog sich keineswegs nur auf mögliche Investments, sondern explizit auch auf Terminanfragen... also das Zeitmanagement.

Meiner Überzeugung nach ist Zeitmanagement auch Ausdruck einer inneren Haltung, eines Werte-Kompass. Achtsamkeit und Wertschätzung erfordern, dass wir es unterlassen die Lebenszeit anderer zu verschwenden. Leider zeigt die Erfahrung, dass es durchaus Menschen mit einem *anderen* inneren Werte-Kompass gibt, die sich genau das als Beschäftigungstherapie zur Aufgabe gemacht zu haben scheinen. Erschreckend dabei ist, dass es oft die selben sind, die selbst von anderen dieses "Don't waste my time!" einfordern.

Erfolgreiche Menschen kennen das "Pizza-Prinzip" als Element des Zeitmanagements: an einer Besprechung nehmen niemals mehr Menschen teil, als von zwei, maximal drei Pizzen satt werden können. Mehr Teilnehmer würden durch das Zerreden des Themas die Effizienz des Treffens beinträchtigen. Vor allem nehmen nur die teil, deren Anwesenheit auch wirklich not-wendig ist. Das bringt Struktur in die Termine, und eine höhere Effizienz. Die Verabredung des Folgetermins und ein klares Bekenntnis der Teilnehmer zu den bis dahin zu erledigenden Schritten runden das Treffen ab.

In diesem Zusammenhang ist es auch wichtig, sich das eigene Verhalten in den benutzergetriebenen Medien (vulgo: social media) zu vergegenwärtigen. Es hört ja keineswegs damit auf, dass die Präsenz dort ein wahrer Zeitfresser ist, im Gegenteil. Manches, was in diesen Kanälen passiert, halte ich für äußerst bedenklich: das fängt an bei Streichen, die kostspielig enden, setzt sich fort in der Überhöhung der eigenen Bedeutung und Person und endet in der völligen Abhängigkeit von "Likes". - Warum halten sich denn bitte manche für so wichtig, dass sie glauben die ganze Welt daran teilhaben lassen zu müssen, dass sie gerade in Berlin-Marzahn oder Lüdenscheid-Nord einen Z-Promi getroffen haben? Ist das eigene Selbst.Bewusst.Sein so gering, dass sie diesen Halo-Effekt[35] benötigen? - Am anderen Ende der Skala gipfelt es in der völligen Enthemmung in der vermeintlichen Anonymität des Internets hinter der Maske eines Pseudonyms, was schon wiederum an "Lord of the Flies"[36] erinnert.

Eine gute Führungskraft darf keineswegs die Gefahren unterschätzen, die gruppendynamische und sich verselbständigende Prozesse in Chat-Foren seiner Mitarbeiter mit sich bringen können. "If you can't beat them, join

---

[35] Halo-Effekt: Abstrahlungs-Effekt, vom engl. Halo = Heiligenschein: die Leuchtkraft/Berühmtheit etc. strahlt auf andere Bereiche oder Personen ab, die davon profitieren.

[36] "Lord of the Flies", Novelle von William Golding, in der eine auf einer Insel gestrandeter Kinder (6-12J.) sich in zwei Gruppen spaltet. Die Geschichte beschreibt die trotz zivilisatorischer Sozialisation der Kinder, deren dissozialtive, weil hinter Masken verborgene, gewalttätige Entwicklung.

them"[37] ist hier meine bevorzugte Lösung. Diese Prozesse können bestenfalls bedingt kontrolliert werden, und nur wenn sie auf einer internen Plattform moderiert werden. Statt blöder Tratscherei und Flurfunk kann so echte, positive und lösungsorientierte Kommunikation stattfinden - als Teil einer vitalen und wertschätzenden Unternehmenskultur. Überflüssig zu erwähnen, dass das auch in Familien als mediatives Element funktionieren kann. Es erfordert aber eine Haltung und aktives Handeln.

Wenn wir uns das vergegenwärtigen, und im nächsten Schritt die Eckpunkte eines gesunden Zeitmanagements auch in den privaten Bereich transferieren, merken wir schnell, dass das Thema Menschenführung auch im privaten Kontext bei uns selbst beginnt - und sich fortsetzt in der Anwendung für alle, für die wir verantwortlich sind.

In meiner langjährigen Berufserfahrung als Unternehmerberater und Interim-Manager hatte ich immer Verantwortung für Menschen, auch in Betriebsgrößen mit Belegschaften im dreistelligen Bereich. Das erste, was ich am Anfang überprüft habe, war die Struktur des Betriebes, der internen Kommunikationswege, Verantwortlichkeiten und Delegierungsstrukturen.

Das führt uns zum **Delegieren** als Element der *Selbst.Wert.Schätzung.*: inhabergeführte mittelständische Unternehmen weisen ein sich häufig wiederholendes Merkmal auf: während der Patron alle Macht bei sich behalten wollte, hat sich die Belegschaft es bequem eingerichtet und Verantwortung nach oben, zum Patron, delegiert. Gleiches finden wir häufig auch in Behörden und Kirchen.

Natürlich hat eine so ungesunde Struktur ein sich schnell näherndes Verfallsdatum: der Patron bezahlt dafür mit seiner Gesundheit, und der Belegschaft fehlt die Herausforderung, während sie zeitgleich massiv an

---

[37] "Wenn Du sie nicht besiegen kannst, verbünde Dich mit ihnen!"

Effizienz und Innovationskraft verliert. Fällt der Patron dann unerwartet aus, z.B. durch einen BurnOut, erleben wir häufig, dass das Unternehmen implodiert.

In solchen Strukturen finden wir auch auffallend oft extrem lange Betriebszugehörigkeiten, insbesondere nach heutigen Maßstäben. Die Angestellten haben sich eine Wohlfühloase eingerichtet, "Management by Robinson: alle warten auf Freitag." - Man könnte leicht vermuten, wir würden hier auf eine Häufung des "BoreOut" stossen. Das kann auch schon mal vorkommen. Aber meist benötigten solche Unternehmen keine Kunden, sie könnten sich auch selbst beschäftigen.

Dabei hätten gerade solche Unternehmen in ihrer Belegschaft eine unglaubliche stille Reserve: die Mitarbeiter kennen die Kunden wie kaum ein zweiter, und damit auch deren still schlummerndes Umsatzpotenzial. Dieses mögliche, natürliche Wachstum lassen viele achtlos liegen, weil sie nur noch mit der Lösung der Probleme beschäftigt sind die sie sich selbst geschaffen haben.

Doch für die Umkehr ins Positive brauchen die Mitarbeiter einen Patron, der sie fördert und fordert, der bereit ist, Verantwortung nach unten zu delegieren, der Ziele vereinbart und deren Erreichung auch kontrolliert... kurz: eine ausgeglichene, in sich ruhende Führungspersönlichkeit, die fähig und willens ist, seinen Mitarbeitern Wertschätzung entgegen zu bringen.

Wie kann das in der Praxis aussehen? Im Zeitraum 2006/07 erhielt ich ein Mandat, ein Hotel in einem namhaften Ski-Ort neu zu strukturieren. Da ich solche Aufträge damals ausschließlich aus der Position der operativen Leitung heraus bearbeitete, führte ich - wenn auch nur vorübergehend - das Team als Hoteldirektor.

Meine beiden freien Tage nahm ich unter der Woche und reiste nach Hause, damit ich zum Bettenwechsel am Wochenende im Haus sein konnte. Die Mitarbeiter hatten die Rufnummer meines Mobiltelefons, um mich im Notfall erreichen zu können. Ich war schon auf dem Rückweg ins Hotel, als das Telefon im Auto schellte. Mein Assistent rief mich wegen einer Beschwerde an, wie damit umzugehen sei.

Mal davon davon abgesehen, dass ich zu diesem Zeitpunkt bereits eine Beschwerdenbehandlungsroutine eingeführt hatte, und sich im Lauf des Telefonats herausstellte, dass er sich schon weitgehend danach verhielt, stellte ich mir genau die zwei Fragen, die meine Mandanten zum Thema Delegieren auch immer von mir hören:

1) Muss ich mich *selbst* darum kümmern -
oder muss ich nur informiert sein?

2) Muss ich mich *sofort* darum kümmern -
oder habe ich einen zeitlichen Spielraum?

Denn: lasse ich es zu, dass der Mitarbeiter mich dazu nötigt, unmittelbar am Telefon und in Abwesenheit eine Entscheidung zu treffen, wird diese Entscheidung unweigerlich eine falsche oder eine der Lage unangemessene sein - zu viele Parameter sind unbekannt. Und dafür werde ich alleine die Verantwortung tragen. Bei den Spezialeinheiten heißt es so schön zutreffend:

"Die Mütter aller Katastrophen sind Entscheidungen,
die Du auf Grundlage unbestätigter Vermutungen triffst."

Nehme ich aber den Mitarbeiter in die Pflicht, in Kenntnis der Gegebenheiten vor Ort und seines vorgegebenen Handlungsrahmens (Beschwerdenbehandlungsroutine), eine Entscheidung zu treffen, werte ich ihn und seine Position auf, indem ich ihm das für seine Entscheidung nötige Vertrauen schenke.

Nun sind die Dinge nur selten schwarz oder weiß, das Leben spielt sich in vielen bunten Schattierungen dazwischen ab. Digitalisierung hin oder her: Menschen sind analog, und häufig ist "analog" nur ein anderes Wort für "schlampig" oder "bequem". Meistens liegt die Antwort auf die beiden oberen Fragen in der Mitte, zumal im Beschwerdenmanagement, wenn es - neben dem sachlich-objektiven Fehler - auch um persönliche Befindlichkeiten wie enttäuschte Erwartungen geht.

Semantisch analysiert: ENT-täuscht kann nur jemand sein, der sich zuvor (selbst) GE-täuscht hat - oder vorsätzlich GE-täuscht wurde (Betrug).

Daher ist es von existenziellem Interesse des Unternehmers bzw. seines Geschäftsführers, dass die Leistungserwartung der Kunden soweit wie irgend möglich kongruent zur objektiven Leistungsfähigkeit des Betriebes und der Mitarbeiter ist. Noch besser wäre, wenn die Leistung die Erwartung übertrifft. Das liegt in den Händen derjenigen, die diese Leistungsfähigkeit zum Kunden kommunizieren - also zuallererst in den Händen des Unternehmers selbst.

Alleine das hat Auswirkung auf das Betriebsklima und die Loyalität der Mitarbeiter: niemand arbeitet gerne und länger an einem Ort, wo er ständig Prügel von Kunden und Geschäftsleitung bezieht.

Zwei Dinge möchte ich Ihnen noch zum Thema (Selbst-)Führung mitgeben, und Sie bitten, darüber nachzudenken.

1) Das Erziehen von Kindern weist sehr viele Schnittpunkte mit der Führung der Mitarbeiter auf: beide brauchen Wurzeln und Flügel. Beide testen fortwährend ihre Grenzen aus, beide benötigen die Sicherheit der konsequenten Grenzziehung, und beide benötigen die Gewissheit, dass

sie - zumindest nach außen - immer die Rückendeckung der (Firmen-) Familie haben werden. - Wie halten Sie es damit?

2) "Wer fragt, der führt." - Diese uralte Erkenntnis ist auch heute noch gültig. Die Coaches unter Ihnen wissen das ohnehin, Führungskräfte muss man gelegentlich daran erinnern, dass das Team mit "Order per Mufti" sich weniger komfortabel fühlt, als wenn es das Gefühl hat, an Entscheidungsprozessen selbst mitgewirkt zu haben. Nebenbei kann die Führungskraft das Team später viel besser in die Verantwortung nehmen, wenn das Team etwas selbst mit-entschieden hat. Machen Sie von dieser Führungstechnik Gebrauch?

Nehmen wir Themen wie Multitasking, New Work etc. noch dazu, kumuliert all das meist in einem völlig verunmöglichtem Zeitmanagement - was mittel- und langfristig in das Geschehen BurnOut führt, wenn wir es versäumen rechtzeitig gegenzusteuern. Gehen wir es aber positiv an, bereiten alles vor, stellen die nötigen Ressourcen für die Lösung bisher unbewältigter Herausforderungen rechtzeitig und in ausreichender Menge zur Verfügung, und delegieren die Verantwortung an unsere fähigen Mitarbeiter, die wir genau dafür eingestellt haben - dann haben wir als Führungs*persönlichkeiten* gehandelt und erhalten unsere Leistungskraft.

Die Folge davon ist - neben Kundenzufriedenheit, -bindung, loyalen Mitarbeitern und dem unausweichlichen wirtschaftlichen Erfolg - eine tiefe Gelassenheit und ein In-Sich-Ruhen. Hört sich wie ein Kreislauf an? - Kein Wunder: wie der Misserfolg, kann sich auch der Erfolg verselbständigen.

Nur eines muss an der Stelle glasklar sein: Gelassenheit ist keineswegs ein Synonym für bräsige Selbstzufriedenheit, und auch das Haushalten mit den eigenen Kräften darf niemals als Ausrede für Leistungsverweigerung herhalten.

Und so kommt es zu dem, was ich ich mit dem Titel dieses Kapitels meinte: *Selbst.Wert.Schätzung.* als innere Haltung. Wenn wir aufhören, ständig als Getriebene nur zu re-agieren, uns beruflich wie privat regelmäßig unsere Auszeiten nehmen - als etwas, das uns zusteht, und keinesfalls als Ausnahme sondern als Routine der Eigen-Hygiene - dann werden wir wieder in der Lage sein, als "Unternehmer unseres eigenen Lebens" wieder selbst zu gestalten, zu *agieren*. Erst dann sind wir wieder "bei uns".

Natürlich bin ich mir bewusst, dass wir alle uns irgendwelchen Zwängen des Alltags unterworfen haben. Richtig gelesen: "uns unterworfen haben". Fragen wir uns also: "Wer hat uns zu etwas 'gezwungen', und warum haben wir das zugelassen?" Finden wir im zweiten Schritt heraus, mit welchen dieser 'Zwänge' wir weiter leben können, mit welchen wir das auch wollen, welche davon ein notwendiges Übel sind, und welche wir auf gar keinen Fall mehr in unserem Leben dulden wollen. Sie vermissen die Option "müssen"? - Richtig: die fällt aus. Sorry. Keine Schuldzuweisungen. Stattdessen ein konsequent selbst verantwortetes Leben in *Selbst.Wert.Schätzung.* - im Bewusstsein, dass unsere eigenen Entscheidungen die Architekten unserer zukünftigen Realitäten sind.

Wenn wir uns dessen bewusst geworden sind, kommt der "Social Check" - also die Frage:

> "Wie sozialverträglich bzw. mit welchen Konsequenzen
> ist es behaftet, wenn ich es in die Tat umsetze,
> aus diesem oder jenem "Zwang" auszubrechen?"

Zur Beruhigung: nur in Ausnahmefällen braucht es den ganz großen Bruch. Meist reichen ein paar kleine Weichenstellungen, um ein wesentlich höheres Niveau an Lebensqualität zu erreichen. Oft ist es auch "nur" die Veränderung der eigenen Einstellung zu den Dingen.

Es muss also keineswegs gleich das Auswandern sein, oder gar das "Aussteigen"... das Problem dabei ist nämlich, dass wir der Person, vor der wir in Wirklichkeit davon laufen wollten - also uns selbst - auch am Zielort im Spiegel sehen. Vielleicht ist das ja der Grund, dass "Aussteiger" so selten einen Spiegel haben?

Abschließend noch ein paar Gedanken zum Thema Zeitmanagement:

- viele Manager manövrieren sich in eine mehr oder wenige starke Abhängigkeit zu ihrem Sekretariat. Der alte Verkäufer-Spruch: "Der Chef ist egal, mach Dir die Sekretärin zum Freund" hat einen leider oft viel zu wahren Kern, denn in vielen Betrieben liegt die wirkliche Macht bei den Assistenten. Diese entscheiden darüber, was der Chef zu sehen bekommt, sie sind der Filter, der dessen Entscheidungen beeinflusst.

  Diese Art der Fremdsteuerung kann bequem anmuten - und ist tatsächlich hochgradig gefährlich. Eine Führungskraft, die die Entscheidungsgewalt über den eigenen Kalender abgegeben hat, decojoniert sich selbst und wird zur Schachfigur seines Sekretariats.

  Ja, Delegieren ist eine Führungsqualität - wenn es aber zur Fremdsteuerung wird, ist das rechte Maß weit verfehlt.

- "Leben ist das, was stattfindet, während Du Deine Pläne machst!" - Wir können noch so detaillierte Pläne uns ausdenken, das Leben wird immer die eine oder andere Überraschung für uns parat halten. Was wir aber tun können, ist das Ausmaß dieser Überraschungen zu minimieren, indem wir *zuhören um zu verstehen*, und uns immer genügend Zeitfenster einplanen, um angemessen auf Unvorhersehbares reagieren zu können. - Und wenn nichts Unvorhergesehenes passiert? Um so besser: Zeit für uns selbst!

- Das Leben findet *jetzt* statt. Wer im Hier und Jetzt lebt, wird aufhören, wie ein Getriebener immer nur dem nächsten Ziel hinterher zu jagen. Daher auch der Untertitel dieses Buches "Leben findet im Definitiv statt".

  Ein sehr guter Freund hatte einmal zu mir gesagt, als wir noch Anfang unserer 20er waren: "Heute jagst Du mit Deiner Gesundheit dem Geld hinterher - irgendwann wir sich das drehen!". In meinem Umfeld sehe ich viel zu oft wie sich das auswirken kann, und bin heute noch dankbar, diesen großartigen Menschen nunmehr seit fast 35 Jahren zum Freund haben zu dürfen, der mich frühzeitig darauf hingewiesen hatte.

- Viele glauben noch immer, dass Stress ein Statussymbol sei.

  Das ist es aber keineswegs. Eine Volksweisheit besagt: "Stress hat man nicht, Stress macht man sich." - und einmal mehr ist das genau auf den Punkt. Es ist weder der Sache noch den beteiligten Personen angemessen, unter Zeitdruck und fehlenden Informationen wichtige Entscheidungen zu treffen. Und wer sich selbst wertschätzt, wird keinesfalls zulassen, dass andere ihn dazu nötigen.

Um das Kapitel Zeitmanagement und (Selbst-)Führung in einem Satz zusammen zu fassen: es ist Ausdruck unserer ***Selbst.Wert.Schätzung.*** - bzw. des Gegenteils - uns selbst und unserer Umwelt gegenüber, wie wir mit unserer Lebenszeit und der anderer umgehen.

Nicht mehr, aber eben auch nicht weniger.

9 Dokumentation des Coachings und Fazit

In diesem letzten Kapitel des Buches gehe ich auf die Bedeutung einer ordnungsgemäßen Dokumentation für Coaches ein, und fasse das Buch in seinen Kernzügen zusammen.

Warum sollte ein Coach seine Arbeit dokumentieren? Dafür gibt es im Wesentlichen vier entscheidende Gründe:

1. Weil es mindestens 6 Monate braucht, bis sich bei Menschen, die die Pubertät überschritten haben, eine Verhaltensänderung nachhaltig manifestiert. Nach 6 Monaten wird aber kein Coach mehr wissen können, was er mit dem Klienten X oder Y in den ersten Sitzungen besprochen hatte, schließlich hat er (hoffentlich) noch ein bis zwei Dutzend andere Klienten in der Zeit betreut. Es sei denn, der Coach gehört zu dem halben Prozent an Menschen mit einem eidetischen[38] Gedächtnis.

2. Weil es wichtig ist, vor der nächsten Sitzung mit dem Klienten den Verlauf und das Ergebnis der letzten Sitzung(en) zu rekapitulieren. Eine solche Vorbereitung ist Zeichen professioneller Arbeit, und sorgt für Struktur und Effizienz im gemeinsamen Prozess des Arbeitens mit den Klienten.

---

[38] als eidetisches oder ikonisches Gedächtnis wird die Fähigkeit bezeichnet, einmal Gesehenes wiederzugeben. Man spricht auch von photographischen Gedächtnis. Tatsächlich gehört aber auch dazu, Unterhaltungen im Wortlaut wiederzugeben, einmal gesehen Bilder zu beschreiben etc.

3. Weil es der Eigensicherung dient: sollte es einmal zum Streit mit einem Klienten kommen, ist die Dokumentation auch vor einem Richter der Nachweis der professionellen Arbeitsweise des Coaches. Fehlt diese, ist schon die Ausgangslage für den Coach eher schwierig.

4. Weil Coaches eine gewerbliche Dienstleistung erbringen, unterliegen sie den Dokumentations- und Aufbewahrungspflichten nach HGB und AO[39].

Was sollte dokumentiert werden? Ich empfehle Coaches, sich selbst standardisierte Dokumente zu geben, die für alle Klienten ausnahmslos Verwendung finden. Dazu gehört ein ausführlicher Anamnesebogen, eine DSGVO[40]-Einverständniserklärung, und ein strukturierter Sitzungsleitfaden.

Da sich jeder Therapeut und Coach weiter entwickelt, und auch neue wissenschaftliche Erkenntnisse in die tägliche Arbeit einfließen, sollte dieser Sitzungsleitfaden ebenfalls offen für den Entwicklungsprozess sein. Das bedeutet keineswegs, jedem Trend nachlaufen zu müssen. "Prüfet alles und behaltet das Gute!", sollte auch hier eine kluge Wahl sein.

Durch den höchst sensiblen Charakter der Daten empfehle ich diese auf einem Rechner ohne Internet-Zugang und getrennt von den privaten und sonstigen Daten des Coaches zu speichern. Cloud-Lösungen verbieten sich da von selbst, ideal ist eine externe Festplatte mit redundanter Datensicherung. Hierfür gibt es schon für kleines Geld gute Lösungen.

---

[39] HGB = Handelsgesetzbuch; AO = Abgabenordnung

[40] DSGVO = Datenschutzgrundverordnung

Um das Buch zusammen zu fassen, halte ich mich an das KISS[41]-Prinzip:

Das multidimensionale und phasische Geschehen BurnOut ist Ausdruck eines dauerhaften Mangels an Wertschätzung der eigenen Person gegenüber und daher im eigenen Verhalten des Betroffenen begründet, der die Überforderung und das Ausbrennen selbst zulässt. Kindheitstraumata und andere externe Faktoren sind keine Ursachen, sondern Lebensumstände, die Entstehung und Ausmaß begünstigen können. Damit mich auch diejenigen, die das Buch von hinten zu lesen angefangen haben, richtig verstehen: das ist keineswegs als Vorwurf, sondern lediglich als Feststellung einer Tatsache gemeint.

Die Veränderung des Mindsets hin zu einer von *Selbst.Wert.Schätzung.* geprägten inneren Haltung ist die Basis jeder BurnOut-Prävention. Alle weiteren Schritte folgen aus dieser einen Veränderung. Verweigert der Betroffene bzw. der Klient diesen ersten Schritt, ist sein Leidensdruck (noch) nicht hoch genug. Coaches können nur Veränderungen begleiten, die der Klient selbst will. Konjunktive waren gestern. Das Leben findet im Definitiv statt.

Die Auswirkungen der letzten beiden Phasen (siehe Verlaufsmodell nach Straesser) beschränken sich keinesfalls auf den Betroffenen alleine, sondern nehmen sein gesamtes Umfeld in Mitleidenschaft. Daher ist BurnOut-Prävention auch ein Akt der Wertschätzung dem eigenen Umfeld gegenüber.

Ein guter Coach erbringt ausschließlich seine originäre Dienstleistung: das Coachen. Er wird sich niemals an seinen Klienten durch den Verkauf von irgendwelchen Waren bereichern. Vor allem aber kennt und respektiert er seine Grenzen und hat ein stabiles Netzwerk aus Fachkollegen, in das er verweisen kann, sobald er seine eigenen Grenzen erreicht.

---

[41] KISS, Akronym für "Keep it short & simple". Auch ein sehr kompliziertes Problem ist meist mit einem sehr einfachen Ansatz zu lösen.

Danksagung

Am Ende dieses Buchprojektes ist es mir ein Bedürfnis, "Danke" zu sagen, an all die Menschen, die das Buch ermöglich haben: insbesondere meine Frau Monika, die mich - wie schon in den letzten 20 Jahren - mit ihrer unerschütterlichen Geduld und Zuversicht auch in diesem Projekt bestärkt und begleitet hat. An meinen Mitgesellschafter Stefan Haake, der einen meiner Artikel las, und mit dem Kommentar: "Daraus müssen Sie unbedingt ein Buch machen!" den initialen Funken lieferte. An das Private Banking Magazin, das mich wohlwollend begleitet und meine Artikel veröffentlicht. An meine Freunde Otmar und Carsten, die für das Lektorat und den Einband ihre Lebenszeit opferten, und an Rudolf Theelen, der mich als Dozent an sein Heilpraktiker-Lehrinstitut Lotz in München berufen hat. Mein Seminar bei ihm lieferte das Grundgerüst für dieses Buch.

Vor allem aber ein herzliches Dankeschön an Sie, die dieses Buch gekauft haben, Ihre Zeit und Ihr Interesse. - Danke.

ÜBER DEN AUTOR

Ferenc von Kacsóh hat über 20 Jahre Führungserfahrung als Unternehmerberater und Coach, zuvor war er bereits in angestellten Leitungsfunktionen erfolgreich.

Sehr früh auf sich alleine gestellt, war es eine Notwendigkeit, immer das gesamte Bild als Zusammenspiel der Details zu sehen, ohne sich jemals völlig durch die Tiefen der Details vereinnahmen zu lassen.

Eine natürliche Neugier und das Interesse an Menschen und ihren Beweggründen hinter den Verhaltensweisen ließ ihn Fortbildungen absolvieren, die bei oberflächlicher Betrachtung so gar nichts mit dem Ursprungsberuf zu tun hatten. Bei näherem Hinsehen waren sie die Basis für das Verstehen.

Als Co-Founder und Prokurist eines Family Office koordiniert der heute 50-Jährige die Projekte der Themenbereiche Kapitalvermittlung, Hotels, Immobilien, Stiftungen und Consulting - als Dozent an einer renommierten Heilpraktikerschule bildet er BurnOut-Präventionscoaches aus. Der Begriff Qi-Raum ist Sinnbild für einen Ort, an dem die Lebensenergie, das Qi fließt, und Name seiner BurnOut-Präventionspraxis in München. Das Logo symbolisiert einen geschützten Raum.